오만과 편견
Pride and Prejudice

SAT 스토리북 02

오만과 편견 [Pride and Prejudice]

저 자 Jane Austen
발행인 고본화
발 행 반석출판사
자회사 탑메이드북
2013년 3월 20일 초판 1쇄 인쇄
2013년 3월 25일 초판 1쇄 인쇄
반석출판사 www.bansok.co.kr
이메일 bansok@bansok.co.kr

157-779 서울시 강서구 양천로 583번지 B동 904호
      (서울시 강서구 염창동 240-21번지 우림블루나인 비즈니스센터 B동 904호)
대표전화 02) 2093-3399 **팩 스** 02) 2093-3393
출 판 부 02) 2093-3395 **영업부** 02) 2093-3396
등록번호 제315-2008-000033호

Copyright ⓒ FL4U컨텐츠

ISBN 978-89-7172-695-2 (13740)

Pride and Prejudice

Jane Austen

- Volume I _ 5
- Volume II _ 48
- Volume III _ 109

Volume I

Chapter 01

It is a truth universally acknowledged, that a single man in possession of a good fortune, must be in want of a wife.

However little known the feelings or views of such a man may be on his first entering a neighbourhood, this truth is so well fixed in the minds of the surrounding families, that he is considered the rightful property of some one or other of their daughters.

"My dear Mr. Bennet," said his lady to him one day, "have you heard that Netherfield Park is let at last?"

Mr. Bennet replied that he had not.

"But it is," returned she; "for Mrs. Long has just been here, and she told me all about it."

Mr. Bennet made no answer.

"Do you not want to know who has taken it?" cried his wife impatiently.

"You want to tell me, and I have no objection to hearing it."

This was invitation enough.

"Why, my dear, you must know, Mrs. Long says that Netherfield is taken by a young man of large fortune from the north of England."

"What is his name?"

"Bingley."

"Is he married or single?"

"Oh! Single, my dear, to be sure! A single man of large fortune; four or five thousand a year. What a fine thing for our girls!"

"How so? How can it affect them?"

"My dear Mr. Bennet," replied his wife, "how can you be so tiresome! It is very likely that he may fall in love with one of them, and therefore you must visit him as soon as he comes."

"I see no occasion for that. You and the girls may go, or you may send them by themselves, which perhaps will be still better, for as you are as handsome as any of them, Mr. Bingley may like you the best of the party."

"My dear, you flatter me. But, my dear, you must indeed go and see Mr. Bingley when he comes into the neighbourhood."

"It is more than I engage for, I assure you."

"Indeed you must go, for it will be impossible for us to visit him if you do not."

"You are over-scrupulous, surely. I dare say Mr. Bingley will be very glad to see you; and I will send a few lines by you to assure him of my hearty consent to his marrying whichever he chooses of the girls."

Mr. Bennet was so odd a mixture of quick parts, sarcastic humour, reserve, and caprice, that the experience of three-and-twenty years had been insufficient to make his wife understand his character. Her mind was less difficult to develop. She was a woman of mean understanding, little information, and uncertain temper. When she was discontented, she fancied herself nervous. The business of her life was to get her daughters married; its solace was visiting and news.

Chapter 02

Mr. Bennet was among the earliest of those who waited on Mr. Bingley. He had always intended to visit him, though to the last always assuring his wife that he should not go; and till the evening after the visit was paid she had no knowledge of it. It was then disclosed in the following manner. Observing his second daughter employed in trimming a hat, he suddenly addressed her with:

"I hope Mr. Bingley will like it, Lizzy."

"We are not in a way to know what Mr. Bingley likes," said her mother resentfully, "since we are not to visit. I am sick of Mr. Bingley."

"I am sorry to hear that; but why did not you tell me that before? If I had known as much this morning I certainly would not have called on him. It is very unlucky; but as I have actually paid the visit, we cannot escape the acquaintance now."

The astonishment of the ladies was just what he wished; that of Mrs. Bennet perhaps surpassing the rest.

"How good it was in you, my dear Mr. Bennet! But I knew I should persuade you at last. I was sure you loved your girls too well to neglect such an acquaintance. Well, how pleased I am! and it is such a good joke, too, that you should have gone this morning and never said a word about it till now."

Mr. Bennet left the room, fatigued with the raptures of his wife.

"What an excellent father you have, girls!" said she, when the door was shut. "I do not know how you will ever make him amends for his kindness. For your sakes, we would do anything."

The rest of the evening was spent in conjecturing how soon he would return Mr. Bennet's visit, and determining when they should ask him to dinner.

Chapter 03

Mr. Bingley was good-looking and gentlemanlike; he had a pleasant countenance, and easy, unaffected manners. His sisters were fine women, with an air of decided fashion. His brother-in-law, Mr. Hurst, merely looked the gentleman; but his friend Mr. Darcy soon drew the attention of the room by his fine, tall person, handsome features, noble mien, and the report which was in general circulation within five minutes after his entrance, of his having ten thousand a year. The gentlemen pronounced him to be a fine figure of a man, the ladies declared he was much handsomer than Mr. Bingley, and he was looked at with great admiration for about half the evening, till his manners gave a disgust which turned the tide of his popularity; for he was discovered to be proud; to be above his company, and above being pleased; and not all his large estate in Derbyshire could then save him from having a most forbidding, disagreeable countenance, and being unworthy to be compared with his friend.

Mr. Bingley had soon made himself acquainted with all the principal people in the room; he was lively and unreserved, danced every dance, was angry that the ball closed so early, and talked of giving one himself at Netherfield. Such amiable qualities must speak for themselves. What a contrast between him and his friend!

Elizabeth Bennet had been obliged, by the scarcity of gentlemen, to sit down for two dances; and during part of that time, Mr. Darcy had been standing near enough for her to hear a conversation between him and Mr. Bingley, who came from the dance for a few minutes, to press his friend to join it.

"Come, Darcy," said he, "I must have you dance. I hate to see you standing about by yourself in this stupid manner. You had much better dance."

"I certainly shall not. You know how I detest it, unless I am particularly acquainted with my partner. At such an assembly as this it would be insupportable. Your sisters are engaged, and there is not another woman in the room whom it would not be a punishment to me to stand up with."

"I would not be so fastidious as you are," cried Mr. Bingley, "I never met with so many pleasant girls in my life as I have this evening."

"You are dancing with the only handsome girl in the room," said Mr. Darcy, looking at the eldest Miss Bennet.

"Oh! She is the most beautiful creature I ever beheld! But there is one of her sisters sitting down just behind you, who is very pretty, and I dare say very agreeable. Do let me ask my partner to introduce you."

"Which do you mean?" and turning round he looked for a moment at Elizabeth, till catching her eye, he withdrew his own and coldly said:

"She is tolerable, but not handsome enough to tempt me; I am in no humour at present to give consequence to young ladies who are slighted by other men. You had better return to your partner and enjoy her smiles, for you are wasting your time with me."

Mr. Bingley followed his advice. Mr. Darcy walked off; and Elizabeth remained with no very cordial feelings toward him. She told the story, however, with great spirit among her friends; for she had a lively, playful disposition, which delighted in anything ridiculous.

The evening altogether passed off pleasantly to the whole family.

"Oh! my dear Mr. Bennet," said as she entered the room, "we have had a most delightful evening, a most excellent ball. I wish you had been there. Jane was so admired, nothing could be like it. Everybody said how well she looked; and Mr. Bingley thought her quite beautiful, and danced with her twice! Only think of that, my dear; he actually danced with her twice! and she was the only creature in the room that he asked a second time."

She related with much bitterness of spirit and some exaggeration, the shocking rudeness of Mr. Darcy.

"So high and so conceited that there was no enduring him! He walked here, and he walked there, fancying himself so very great! I quite detest the man."

Chapter 04

When Jane and Elizabeth were alone, the former, who had been cautious in her praise of Mr. Bingley before, expressed to her sister just how very much she admired him.

"He is just what a young man ought to be," said she, "sensible, good-humoured, lively; and I never saw such happy manners! — so much ease, with such perfect good breeding!"

"He is also handsome," replied Elizabeth, "which a young man ought likewise to be, if he possibly can. His character is thereby complete."

"I was very much flattered by his asking me to dance a second time. I did not expect such a compliment."

"Did not you? I did for you. But that is one great differ- ence between us. Compliments always take you by surprise, and me never. What could be more natural than his asking you again? He could not help seeing that you were about five times as pretty as every other woman in the room. No thanks to his gallantry for that. Well, he certainly is very agreeable, and I give you leave to like him. You like this man's sisters, too, do you? Their manners are not equal to his."

"Certainly not — at first. But they are very pleasing women when you converse with them. Miss Bingley is to live with her brother, and keep his house; and I am much mistaken if we shall not find a very charming neighbour in her."

Elizabeth listened in silence, but was not convinced; their behaviour at the assembly had not been calculated to please in general; with a judgement too unassailed by any attention to herself, she was very little disposed to approve them. They were in fact very fine ladies; not deficient in good humour when they were pleased, nor in the power of making themselves agreeable when they chose it, but proud and conceited.

Chapter 05

Within a short walk of Longbourn lived a family with whom the Bennets were particularly intimate. Sir William Lucas had been formerly in trade in Meryton, where he had made a tolerable fortune. For, though elated by his rank, it did not render him supercilious; on the contrary, he was all attention to everybody.

Lady Lucas was a very good kind of woman, not too clever to be a valuable neighbour to Mrs. Bennet. They had several children. The eldest of them, a sensible, intelligent young woman, about twenty-seven, was Elizabeth's intimate friend.

That the Miss Lucases and the Miss Bennets should meet to talk over a ball was absolutely necessary; and the morning after the assembly brought the former to Longbourn to hear and to communicate.

"You began the evening well, Charlotte," said Mrs. Bennet with civil self-command to Miss Lucas. "You were Mr. Bingley's first choice."

"Yes; but he seemed to like his second better."

"Oh! you mean Jane, I suppose, because he danced with her twice. To be sure that did seem as if he admired her — indeed I rather believe he did. I heard something about it — but I hardly know what — something about Mr. Robinson."

"Perhaps you mean what I overheard between him and Mr. Robinson; did not I mention it to you? Mr. Robinson's asking him which he thought the prettiest? and his answering immediately to the last question: 'Oh! the eldest Miss Bennet.'"

"Upon my word! Well, that is very decided indeed."

"My overhearings were more to the purpose than yours, Eliza," said Charlotte. "Mr. Darcy is not so well worth listening to as his friend, is he? — poor Eliza! — to be only just tolerable."

"I beg you would not put it into Lizzy's head to be vexed by his ill-treatment, for he is such a disagreeable man, that it would be quite a misfortune to be liked by him."

"His pride," said Miss Lucas, "does not offend me so much as pride often does, because there is an excuse for it. One cannot wonder that so very fine a young man, with family, fortune, everything in his favour, should think highly of himself. If I may so express it, he has a right to be proud."

"That is very true," replied Elizabeth, "and I could easily forgive his pride, if he had not mortified mine."

Chapter 06

It was generally evident that Bingley did admire Jane and to her it was equally evident that she was yielding to the preference which she had begun to entertain for him from the first, and was in a way to be very much in love; but she considered with pleasure that it was not likely to be discovered by the world in general, since Jane united, with great strength of feeling, a composure of temper and a uniform cheerfulness of manner which would guard her from the suspicions of the impertinent. Elizabeth mentioned this to her friend Miss Lucas.

"It is sometimes a disadvantage to be so very guarded. If a woman conceals her affection with the same skill from the object of it, she may lose the opportunity of fixing him." replied Charlotte.

"But if a woman is partial to a man, and does not endeavour to conceal it, he must find it out."

"Perhaps he must, if he sees enough of her. But, though Bingley and Jane meet tolerably often, it is never for many hours together; and, as they always see each other in large mixed parties, it is impossible that every moment should be employed in conversing together."

Occupied in observing Mr. Bingley's attentions to her sister, Elizabeth was far from suspecting that she was herself becoming an object of some interest in the eyes of his friend. Mr. Darcy had at first scarcely allowed her to be pretty. He began to find it was rendered uncommonly intelligent by the beautiful expression of her dark eyes. He was forced to acknowledge her figure to be light and pleasing.

Mr. Darcy was too much engrossed by his thoughts to perceive that Sir William Lucas was his neighbour, till Sir William thus began:

"Your friend performs delightfully and I doubt not that you are an adept in the science yourself, Mr. Darcy."

Elizabeth at that instant moving towards them, he was struck with the action of doing a very gallant thing, and called out to her.

"My dear Miss Eliza, why are you not dancing? Mr. Darcy, you must allow me to present this young lady to you as a very desirable partner. You cannot refuse to dance, I am sure when so much beauty is before you." And, taking her hand, he would have given it to Mr. Darcy. She instantly drew back, and said to Sir William:

"Indeed, sir, I have not the least intention of dancing."

Mr. Darcy, with grave propriety, requested to be allowed the honour of her hand, but in vain.

Her resistance had not injured her with the gentleman, and he was thinking of her with some complacency, when thus accosted by Miss Bingley:

"You are considering how insupportable it would be to pass many evenings in this manner — in such society; and indeed I am quite of your opinion. I was never more annoyed!"

"Your conjecture is totally wrong, I assure you. My mind

was more agreeably engaged. I have been meditating on the very great pleasure which a pair of fine eyes in the face of a pretty woman can bestow."

Miss Bingley immediately fixed her eyes on his face, and desired he would tell her what lady had the credit of inspiring such reflections. Mr. Darcy replied with great intrepidity:

"Miss Elizabeth Bennet."

"Miss Elizabeth Bennet!" repeated Miss Bingley. "I am all astonishment. You will be having a charming mother-in-law, indeed; and, of course, she will always be at Pemberley with you."

He listened to her with perfect indifference while she chose to entertain herself in this manner.

Chapter 07

By the entrance of the footman with a note for Miss Bennet; it came from Netherfield.

"MY DEAR FRIEND, —

"Come as soon as you can on receipt of this. My brother and the gentlemen are to dine with the officers. — Yours ever,

"CAROLINE BINGLEY"

"Dining out," said Mrs. Bennet, "that is very unlucky."

"Can I have the carriage?" said Jane.

"No, my dear, you had better go on horseback, because it seems likely to rain; and then you must stay all night."

Jane had not been gone long before it rained hard. Her sisters were uneasy for her, but her mother was delighted. The rain continued the whole evening without intermission; Jane certainly could not come back.

Till the next morning, breakfast was scarcely over when a servant from Netherfield brought the following note for Elizabeth:

"MY DEAREST LIZZY, —

"I find myself very unwell this morning, which, I suppose, is to be imputed to my getting wet through yesterday. My kind friends will not hear of my returning till I am better. Excepting a sore throat and headache, there is not much the matter with me. — Yours, etc."

Elizabeth, feeling really anxious, was determined to go to her, though the carriage was not to be had; and as she was no horsewoman, walking was her only alternative.

Elizabeth continued her walk alone, crossing field after field at a quick pace, jumping over stiles and springing over puddles with impatient activity, and finding herself at last within view of the house, with weary ankles, dirty stockings, and a face glowing with the warmth of exercise.

She was shown into the breakfast-parlour, where all but Jane were assembled, and where her appearance created a great deal of surprise.

Elizabeth was glad to be taken to her immediately.

The apothecary came, and having examined his patient, said, as might be supposed, that she had caught a violent cold, and that they must endeavour to get the better of it.

When the clock struck three, Elizabeth felt that she must go, and very unwillingly said so. When Jane testified such concern in parting with her, Miss Bingley was obliged to convert the offer of the chaise to an invitation to remain at Netherfield for the present. Elizabeth most thankfully consented, and a servant was dispatched to Longbourn to acquaint the family with her stay and bring back a supply of clothes.

Chapter 08

At five o'clock the two ladies retired to dress, and at half-past six Elizabeth was summoned to dinner. To the civil inquiries which then poured in, and amongst which she had the pleasure of distinguishing the much superior solicitude of Mr. Bingley's, she could not make a very favourable answer. Jane was by no means better. The sisters, on hearing this, repeated three or four times how much they were grieved, how shocking it was to have a bad cold, and how excessively they disliked being ill themselves; and then thought no more of the matter: and their indifference towards Jane when not immediately before them restored Elizabeth to the enjoyment of all her former dislike.

Their brother, indeed, was the only one of the party whom she could regard with any complacency. His anxiety for Jane was evident, and his attentions to herself most pleasing.

When dinner was over, she returned directly to Jane, and Miss Bingley began abusing her as soon as she was out of the room. Her manners were pronounced to be very bad indeed, a mixture of pride and impertinence; She had no conversation, no style, no beauty.

"Why must she be scampering about the country, because her sister had a cold? Her hair, so untidy, so blowsy!"

"But this was all lost upon me. I thought Miss Elizabeth Bennet looked remarkably well when she came into the room this morning." Said Bingley.

"You observed it, Mr. Darcy, I am sure that this adventure has rather affected your admiration of her fine eyes." said Miss Bingley.

"Not at all," he replied; "they were brightened by the exercise." A short pause followed this speech, and Mrs. Hurst began again:

"I have a excessive regard for Miss Jane Bennet, she is really a very sweet girl, and I wish with all my heart she were well settled. But with such a father and mother, and such low connections, I am afraid there is no chance of it."

Chapter 09

In the morning Mrs. Bennet, accompanied by her two youngest girls, reached Netherfield soon after the family breakfast.

Being satisfied on seeing her that her illness was not alarming, she had no wish of her recovering immediately, as her restoration to health would probably remove her from Netherfield. Bingley met them with hopes that Mrs. Bennet had not found Miss Bennet worse than she expected.

"Indeed I have, sir," was her answer. "She is a great deal too ill to be moved. We must trespass a little longer on your kindness."

"Removed!" cried Bingley. "It must not be thought of. My sister, I am sure, will not hear of her removal."

"You may depend upon it, Madam," said Miss Bingley, with cold civility, "that Miss Bennet will receive every possible attention while she remains with us."

Mrs. Bennet was profuse in her acknowledgments.

"If it was not for such good friends I do not know what would become of her, for she is very ill indeed."

Elizabeth, for the sake of saying something that might turn her mother's thoughts, now asked her if Charlotte Lucas had been at Longbourn since her coming away.

"Yes, she called yesterday with her father. The Lucases

are a very good sort of girls, I assure you. It is a pity they are not handsome! Not that I think Charlotte so very plain. Lady Lucas herself has often said so, and envied me Jane's beauty. I do not like to boast of my own child, but to be sure, Jane — one does not often see anybody better looking. It is what everybody says. I do not trust my own partiality."

Darcy only smiled; and the general pause which ensued made Elizabeth tremble lest her mother should be exposing herself again. She longed to speak, but could think of nothing to say; and after a short silence Mrs. Bennet began repeating her thanks to Mr. Bingley for his kindness to Jane, with an apology for troubling him also with Lizzy.

Mrs. Bennet and her daughters then departed, and Elizabeth returned instantly to Jane, leaving her own and her relations' behaviour to the remarks of the two ladies and Mr. Darcy.

Chapter 10

The day passed much as the day before had done. Mrs. Hurst and Miss Bingley had spent some hours of the morning with the invalid, who continued, though slowly, to mend; and in the evening Elizabeth joined their party in the drawing-room. Mr. Darcy was writing, and Miss Bingley, seated near him, was watching the progress of his letter and repeatedly calling off his attention by messages to his sister.

Elizabeth took up some needlework, and was sufficiently amused in attending to what passed between Darcy and his companion. The perpetual commendations of the lady, either on his handwriting, or on the evenness of his lines, or on the length of his letter, with the perfect unconcern with which her praises were received, formed a curious dialogue and was exactly in unison with her opinion of each.

When that business was over, he applied to Miss Bingley and Elizabeth for an indulgence of some music. Miss Bingley moved with some alacrity to the pianoforte; and, after a polite request that Elizabeth would lead the way which the other as politely and more earnestly negatived, she seated herself.

Mrs. Hurst sang with her sister, and while they were thus employed, Elizabeth could not help observing, as she turned over some music-books that lay on the instrument, how frequently Mr. Darcy's eyes were fixed on her. She hardly knew how to suppose that she could be an object of admiration to so great a man.

Miss Bingley saw, or suspected enough to be jealous; and her great anxiety for the recovery of her dear friend Jane received some assistance from her desire of getting rid of Elizabeth.

Chapter 11

When the ladies removed after dinner, Elizabeth ran up to her sister, and seeing her well guarded from cold, attended her into the drawing-room, where she was welcomed by her two friends with many professions of pleasure.

But when the gentlemen entered, Jane was no longer the first object. Miss Bingley's eyes were instantly towards Darcy. Darcy addressed himself to Miss Bennet, with a polite congratulation; Mr. Hurst also made her a slight bow, but diffuseness and warmth remained for Bingley's salutation. He was full of joy and attention. He then sat down by her, and talked scarcely to anyone else. Elizabeth, at work in the opposite corner, saw it all with great delight.

Miss Bingley's attention was quite as much engaged in watching Mr. Darcy's progress through his book, as in reading her own; and she was perpetually either making some inquiry, or looking at his page. She could not win him, however, to any conversation; he merely answered her question, and read on.

Miss Bingley got up and walked about the room. Her figure was elegant, and she walked well; but Darcy, at whom it was all aimed, was still inflexibly studious. In the desperation of her feelings, she resolved on one effort more, and, turning to Elizabeth, said:

"Miss Eliza Bennet, let me persuade you to follow my example, and take a turn about the room. I assure you it is very refreshing after sitting so long in one attitude."

Elizabeth was surprised, but agreed to it immediately. Miss Bingley succeeded no less in the real object of her civility; Mr. Darcy looked up. He was as much awake to the novelty of attention in that quarter as Elizabeth herself could be, and unconsciously closed his book. He was directly invited to join their party, but he declined it, observing that he could imagine but two motives for their choosing to walk up and down the room together, with either of which motives his joining them would interfere. "What could he mean? She was dying to know what could be his meaning?" — and asked Elizabeth whether she could at all understand him.

"Not at all," was her answer; "but depend upon it, he means to be severe on us, and our surest way of disappointing him will be to ask nothing about it."

Miss Bingley, however, was incapable of disappointing Mr. Darcy in anything, and persevered therefore in requiring an explanation of his two motives.

"I have not the smallest objection to explaining them," said he, as soon as she allowed him to speak. "You either choose this method of passing the evening because you are in each other's confidence, and have secret affairs to discuss, or because you are conscious that your figures appear to the greatest advantage in walking; if the first, I would be completely in your way, and if the second, I can admire you much better as I sit by the fire."

"Oh! shocking!" cried Miss Bingley. "I never heard

anything so abominable. How shall we punish him for such a speech?"

"Nothing so easy, if you have but the inclination," said Elizabeth. "Tease him — laugh at him. Intimate as you are, you must know how it is to be done."

"Tease calmness of manner and presence of mind! No, no — feel he may defy us there. And as to laughter, we will not expose ourselves, if you please, by attempting to laugh without a subject. Mr. Darcy may hug himself."

"Mr. Darcy is not to be laughed at!" cried Elizabeth. "That is an uncommon advantage."

"Perhaps that is not possible for anyone. But it has been the study of my life to avoid those weaknesses which often expose a strong understanding to ridicule."

"And your defect is to hate everybody."

"And yours," he replied with a smile, "is willfully to misunderstand them."

"Do let us have a little music," cried Miss Bingley, tired of a conversation in which she had no share.

And the pianoforte was opened.

Chapter 12

In consequence of an agreement between the sisters, Elizabeth wrote the next morning to their mother, to beg that the carriage might be sent for them in the course of the day. But Mrs. Bennet, who had calculated on her daughters remaining at Netherfield till the following Tuesday, which would exactly finish Jane's week, could not bring herself to receive them with pleasure before. Elizabeth urged Jane to borrow Mr. Bingley's carriage immediately and the request made.

To Mr. Darcy it was welcome intelligence. She attracted him more than he liked — and Miss Bingley was uncivil to her, and more teasing than usual to himself.

They were not welcomed home very cordially by their mother. Mrs. Bennet wondered at their coming, and thought them very wrong to give so much trouble, and was sure Jane would have caught cold again. But their father, though very laconic in his expressions of pleasure, was really glad to see them.

Chapter 13

"I hope, my dear," said Mr. Bennet to his wife, as they were at breakfast the next morning, "that you have ordered a good dinner today, because I have reason to expect an addition to our family party."

"Who do you mean, my dear?"

"The person of whom I speak is a gentleman, and a stranger."

Mrs. Bennet's eyes sparkled. "A gentleman and a stranger! It is Mr. Bingley, I am sure!"

"It is not Mr. Bingley," said her husband; "it is a person whom I never saw in the whole course of my life. About a month ago I received this letter. It is from my cousin, Mr. Collins, who, when I am dead, may turn you all out of this house as soon as he pleases."

"Oh! my dear," cried his wife. "I do think it is the hardest thing in the world, that your estate should be entailed away from your own children; and I am sure, if I had been you, I should have tried long ago to do something or other about it."

"It certainly is a most iniquitous affair," said Mr. Bennet, "and nothing can clear Mr. Collins from the guilt of inheriting Longbourn. But if you will listen to his letter, you may perhaps be a little softened by his manner of expressing himself."

"Dear Sir, —

"The disagreement subsisting between yourself and my late honoured father always gave me much uneasiness, and since I have had the misfortune to lose him, I havefrequently wished to heal the breach; I cannot be otherwise than concerned at being the means of injuring your amiable daughters, and beg leave to apologise for it, as well as to assure you of my readiness to make them every possible amends — but of this hereafter. If you should have no objection to receive me into your house, I propose myself the satisfaction of waiting on you and your family, Monday, November 18th, by four o'clock, and shall probably trespass on your hospitality till the Saturday se'ennight following,

"WILLIAM COLLINS"

Mr. Collins was punctual to his time. He was a tall, heavy-looking young man of five-and-twenty. His air was grave and stately, and his manners were very formal. He had not been long seated before he complimented Mrs. Bennet on having so fine a family of daughters; said he had heard much of their beauty, but that in this instance fame had fallen short of the truth; and added, that he did not doubt her seeing them all in due time disposed of in marriage.

He was interrupted by a summons to dinner; and the girls smiled on each other.

Chapter 14

During dinner, Mr. Bennet scarcely spoke at all; but when the servants were withdrawn, he thought it time to have some conversation with his guest, and therefore started a subject in which he expected him to shine, by observing that he seemed very fortunate in his patroness. Lady Catherine de Bourgh's attention to his wishes, and consideration for his comfort, appeared very remarkable. Mr. Collins was eloquent in her praise. The subject elevated him to more than usual solemnity of manner, and with a most important aspect he protested that "he had never in his life witnessed such behaviour in a person of rank — such affability and condescension, as he had himself experienced from Lady Catherine."

"I dare say she is a very agreeable woman. It is a pity that great ladies in general are not more like her. Does she live near you, sir?" said Mrs. Bennet.

"The garden in which stands my humble abode is separated only by a lane from Rosings Park, her ladyship's residence."

"I think you said she was a widow, sir? Has she any family?"

"She has only one daughter, the heiress of Rosings, and of very extensive property. I have more than once observed to Lady Catherine, that her charming daughter seemed born to be a duchess, and that the most elevated rank, instead of giving her consequence, would be adorned by her. These are the kind of little things which please her ladyship, and it is a sort of attention which I conceive myself peculiarly bound to pay."

Mr. Bennet's expectations were fully answered. His cousin was as absurd as he had hoped, and he listened to him with the keenest enjoyment, maintaining at the same time the most resolute composure of countenance, and, except in an occasional glance at Elizabeth.

Chapter 15

Mr. Collins was not a sensible man, and the deficiency of nature had been but little assisted by education or society. The subjection in which his father had brought him up had given him originally great humility of manner. A fortunate chance had recommended him to Lady Catherine de Bourgh.

Having now a good house and a very sufficient income, he intended to marry; and in seeking a reconciliation with the Longbourn family he had a wife in view, as he meant to choose one of the daughters. This was his plan of amends — of atonement — for inheriting their father's estate.

For the first evening Jane was his settled choice. The next morning, however, made an alteration; for in a quarter of an hour's tete-a-tete with Mrs. Bennet before breakfast, a conversation beginning with his parsonage-house, and leading naturally to the avowal of his hopes, that a mistress might be found for it at Longbourn, produced from her, amid very complaisant smiles and general encouragement, a caution against the very Jane he had fixed on. "Her eldest daughter, she must just mention — she felt it incumbent on her to hint, was likely to be very soon engaged."

Mr. Collins had only to change from Jane to Elizabeth.

Mrs. Bennet treasured up the hint, and trusted that she

might soon have two daughters married; and the man whom she could not bear to speak of the day before was now high in her good graces.

Lydia's intention of walking to Meryton was not forgotten; every sister except Mary agreed to go with her; and Mr. Collins was to attend them.

In pompous nothings on his side, and civil assents on that of his cousins, their time passed till they entered Meryton. The attention of the younger ones was then no longer to be gained by him.

The attention of every lady was soon caught by a young man, whom they had never seen before, of most gentlemanlike appearance, walking with another officer on the other side of the way. The officer was the very Mr. Denny concerning whose return from London Lydia came to inquire. Mr. Denny addressed them directly, and entreated permission to introduce his friend, Mr. Wickham, who had returned with him the day before from town. The whole party were still standing and talking together very agreeably, when the sound of horses drew their notice, and Darcy and Bingley were seen riding down the street. On distinguishing the ladies of the group, the two gentlemen came directly towards them, and began the usual civilities. Bingley was the principal spokesman, and Miss Bennet the principal object. Mr. Darcy was beginning to determine not to fix his eyes on Elizabeth, when they were suddenly arrested by the sight of the stranger, and Elizabeth happening to see the countenance of both as they looked at each other, was all astonishment at the effect of the meeting. Both changed colour, one looked white, the other red. Mr. Wickham, after a few moments, touched his hat — a salutation which Mr. Darcy just deigned to return. What could be the meaning of it? It was impossible to imagine; it was impossible not to long to know.

In another minute, Mr. Bingley, but without seeming to have noticed what passed, took leave and rode on with his friend.

Chapter 16

The coach conveyed Mr. Collins and his five cousins at a suitable hour to Meryton; and the girls had the pleasure of hearing, as they entered the drawing-room, that Mr. Wickham had accepted their uncle's invitation, and was then in the house.

The gentlemen did approach, and when Mr. Wickham walked into the room, Elizabeth felt that she had neither been seeing him before, nor thinking of him since, with the smallest degree of unreasonable admiration.

Elizabeth was the happy woman by whom he finally seated himself.

When the card tables were placed, at first there seemed danger of Lydia's engrossing him entirely, for she was a most determined talker' but being likewise extremely fond of lottery tickets, she soon grew too much interested in the game. Mr. Wickham was therefore at leisure to talk to Elizabeth, though what she chiefly wished to hear she could not hope to be told — the history of his acquaintance with Mr. Darcy. Her curiosity, however, was unexpectedly relieved. Mr. Wickham began the subject himself. He inquired how far Netherfield was from Meryton; and, after receiving her answer, asked how long Mr. Darcy had been staying there.

"About a month," said Elizabeth.

"You could not have met with a person more capable of giving you certain information on that head than myself, for I have been connected with his family in aparticular manner from my infancy. The late Mr. Darcy bequeathed me the next presentation of the best living in his gift. He was my godfather, and excessively attached to me. I cannot do justice to his kindness. He meant to provide for me amply, and thought he had done it; but when the living fell, it was given elsewhere."

"Good heavens!" cried Elizabeth; "but how could that be? How could his will be disregarded?"

"We are very different sort of men, and that he hates me."

"This is quite shocking! He deserves to be publicly disgraced."

"Some time or other he will be — but it shall not be by me. Till I can forget his father, I can never defy or expose him."

Elizabeth honoured him for such feelings.

"But what can have been his motive? What can have induced him to behave so cruelly?"

"A thorough, determined dislike of me. Had the late Mr. Darcy liked me less, his son might have borne with me better. My father gave up everything to be of use to the late Mr. Darcy and devoted all his time to the care of the Pemberley property. He was most highly esteemed by Mr. Darcy. Mr. Darcy gave him a voluntary promise of providing for me, I am convinced that he felt it to be as much a debt of gratitude to him, as of his affection to myself."

"How strange!" cried Elizabeth. "How abominable! I wonder that the very pride of this Mr. Darcy has not made him just to you!"

"Not to appear to disgrace his family, to degenerate from the popular qualities, or lose the influence of the Pemberley House, is a powerful motive. He has also brotherly pride, which, with some brotherly affection, makes him a very kind and careful guardian of his sister."

"What sort of girl is Miss Darcy?"

He shook his head. "I wish I could call her amiable. It gives me pain to speak ill of a Darcy. But she is too much like her brother — very, very proud. You know of course that Lady Catherine de Bourgh and Lady Anne Darcy were sisters; consequently that she is aunt to the present Mr. Darcy."

"No, indeed, I did not."

"Her daughter, Miss de Bourgh, will have a very large fortune, and it is believed that she and her cousin will unite the two estates."

This information made Elizabeth smile, as she thought of poor Miss Bingley. Vain indeed must be all her attentions, vain and useless her affection.

Chapter 17

Elizabeth related to Jane the next day what had passed between Mr. Wickham and herself.

"They have both," said she, "been deceived, I dare say, in some way or other, of which we can form no idea. Interested people have perhaps misrepresented each to the other. It is, in short, impossible for us to conjecture the causes or circumstances which may have alienated them, without actual blame on either side."

The two young ladies were summoned from the shrubbery, where this conversation passed, by the arrival of the very persons of whom they had been speaking; Mr. Bingley and his sisters came to give their personal invitation for the long-expected ball at Netherfield, which was fixed for the following Tuesday. The two ladies were delighted to see their dear friend again, called it an age since they had met, and repeatedly asked what she had been doing with herself since their separation. To the rest of the family they paid little attention; avoiding Mrs. Bennet as much as possible, saying not much to Elizabeth, and nothing at all to the others.

The prospect of the Netherfield ball was extremely agreeable to every female of the family. Mrs. Bennet chose to consider it as given in compliment to her eldest daughter, and was particularly flattered by receiving the invitation from Mr. Bingley himself, instead of a ceremonious card. Jane pictured to herself a happy evening in the society of her two friends, and the attentions of her brother; and Elizabeth thought with pleasure of dancing a great deal with Mr. Wickham, and of seeing a confirmation of everything in Mr. Darcy's look and behavior.

Elizabeth's spirits were so high on this occasion, that though she did not often speak unnecessarily to Mr. Collins, she could not help asking him whether he intended to accept Mr. Bingley's invitation, and if he did, whether he would think it proper to join in the evening's amusement; and she was rather surprised to find that he entertained no scruple whatever on that head, and was very far from dreading a rebuke either from the Archbishop, or Lady Catherine de Bourgh, by venturing to dance.

"I am so far from objecting to dancing myself, that I shall hope to be honoured with the hands of all my fair cousins in the course of the evening; and I take this opportunity of soliciting yours, Miss Elizabeth, for the two first dances especially."

Elizabeth felt herself completely taken in. She had fully proposed being engaged by Mr. Wickham for those very dances; and to have Mr. Collins instead! There was no help for it, however Mr. Wickham's happiness and her own was perforce delayed a little longer, and Mr. Collins' proposal accepted with as good a grace as she could. She was not better the pleased with his gallantry from the idea it suggested of something more. It now first struck her, that she was selected from among her sisters as worthy of being the mistress of Honsford Parsonage.

Chapter 18

Till Elizabeth entered the drawing-room at Netherfield, and looked in vain for Mr. Wickham among the cluster of red coats there assembled, a doubt of his being present had never occurred to her. The absolute fact of his absence was pronounced by his friend Denny.

The first two dances, however, brought a return of distress; they were dances of mortification. Mr. Collins, awkward and solemn, apologising instead of attending, and of ten moving wrong without being aware of it, gave her all the shame and misery. The moment of her release from him was ecstasy.

When those dances were over, she returned to Charlotte Lucas, and was in conversation with her, when she found herself suddenly addressed by Mr. Darcy who took her so much by surprise in his application for her hand, that, without knowing what she did, she accepted him.

They stood for some time without speaking a word; and she began to imagine that their silence was to last through the two dances, and at first was resolved not to break it; till suddenly fancying that it would be the greater punishment to her partner to oblige him to talk. He replied, and was again silent. She addressed him a second time.

He smiled.

"Do you talk by rule, then, while you are dancing?"

"Sometimes. One must speak a little, you know. It would look odd to be entirely silent for half an hour together."

He made no answer, and they were again silent till they had gone down the dance, when he asked her if she and her sisters did not very often walk to Meryton. She answered in the affirmative, and, unable to resist the temptation, added, "When you met us there the other day, we had just been forming a new acquaintance."

At length Darcy spoke, and in a constrained manner said, "Mr. Wickham is blessed with such happy manners as may ensure his making friends — whether he may be equally capable of retaining them, is less certain."

"He has been so unlucky as to lose your friendship," replied Elizabeth with emphasis, "and in a manner which he is likely to suffer from all his life."

Darcy made no answer, and seemed desirous of changing the subject. They went down the other dance and parted in silence.

She then sought her eldest sister. Jane met her with a smile of such sweet complacency as sufficiently marked how well she was satisfied with the occurrences of the evening.

Mr. Collins came up to them.

"I have found out," said he, "by a singular accident, that there is now in the room a near relation of my patroness. Who would have thought of my meeting with, perhaps, a nephew of Lady Catherine de Bourgh in this assembly! I am most thankful that the discovery is made in time for me to pay my respects to him, which I am now going to do."

"You are not going to introduce yourself to Mr. Darcy!"

"Indeed I am."

Elizabeth tried hard to dissuade him from such a scheme, assuring him that Mr. Darcy would consider his addressing him without introduction as an impertinent freedom, rather than a compliment to his aunt.

With a low bow he left her to attack Mr. Darcy, whose reception of his advances she eagerly watched, and whose astonishment at being so addressed was very evident. Mr. Darcy's contempt seemed abundantly increasing with the length of his second speech.

She was deeply vexed to find that her mother was talking to that one person (Lady Lucas) freely, openly, and of nothing else but her expectation that Jane would soon be married to Mr. Bingley.

In vain did Elizabeth endeavour to check the rapidity of her mother's words, or persuade her to describe her felicity in a less audible whisper.

When supper was over, singing was talked of, and she had the mortification of seeing Mary, after very little entreaty, preparing to oblige the company. Mary's powers were by no means fitted for such a display; her voice was weak, and her manner affected. Elizabeth was in agonies. She looked at her father to entreat his interference, lest Mary should be singing all night. He took the hint, and when Mary had finished her second song, said aloud, "That will do extremely well, child. You have delighted us long enough. Let the other young ladies have time to exhibit."

Mary, though pretending not to hear, was somewhat disconcerted.

To Elizabeth it appeared that, had her family made an agreement to expose themselves as much as they could during the evening, it would have been impossible for them to play their parts with more spirit or finer success.

Volume Ⅱ

Chapter 19

The next day opened a new scene at Longbourn. Mr. Collins made his declaration in form. On finding Mrs. Bennet, Elizabeth, and one of the younger girls together, soon after breakfast, he addressed the mother in these words.

"May I hope, madam, for your interest with your fair daughter Elizabeth, when I solicit for the honour of a private audience with her in the course of this morning?"

Before Elizabeth had time for anything but a blush of surprise, Mrs. Bennet answered instantly, "Oh dear! — yes — certainly. I am sure Lizzy will be very happy." And, gathering her work together, she was hastening away. Elizabeth called out:

"Dear madam, do not go. I beg you will not go. Mr. Collins must excuse me. He can have nothing to say to me that anybody need not hear. I am going away myself."

"No, no, nonsense, Lizzy. I desire you to stay where you are."

"Believe me, my dear Miss Elizabeth, that your modesty, so far from doing you any disservice, rather adds to your other perfections. You would have been less amiable in my eyes had there not been this little unwillingness. Almost as soon as I entered the house, I singled you out as the companion of my future life. My reasons for marrying are, first, that I think it a right thing for every clergyman in easy circumstances (like myself) to set the example of matrimony in his parish; secondly, that I am convinced that it will add very greatly to my happiness; and thirdly — which perhaps I ought to have mentioned earlier, that it is the particular advice and recommendation of the very noble lady whom I have the honour of calling patroness. It remains to be told why my views were directed towards Longbourn instead of my own neighbourhood, where I can assure you there are many amiable young women. But the fact is, that being, as I am, to inherit this estate after the death of your honoured father (who, however, may live many years longer), I could not satisfy myself without resolving to choose a wife from among his daughters, that the loss to them might be as little as possible, when the melancholy event takes place — which, however, as I have already said, may not be for several years."

"You are too hasty, sir," she cried. "You forget that I have made no answer. Let me do it without further loss of time. Accept my thanks for the compliment you are paying me. I am very sensible of the honour of your proposals, but it is impossible for me to do otherwise than to decline them."

"I am not now to learn," replied Mr. Collins, with a formal wave of the hand, "that it is usual with young ladies to reject the addresses of the man whom they secretly mean to accept, when he first applies for their favour; I am therefore by no means discouraged by what you have just said, and shall hope to lead you to the altar ere long."

"I am perfectly serious in my refusal. You could not make me happy, and I am convinced that I am the last woman in the world who could make you so."

"When I do myself the honour of speaking to you next on the subject, I shall hope to receive a more favourable answer than you have now given me."

"Really, Mr. Collins," cried Elizabeth with some warmth, "you puzzle me exceedingly. If what I have hitherto said can appear to you in the form of encouragement, I know not how to express my refusal in such a way as to convince you of its being one."

"I am persuaded that when sanctioned by the express authority of both your excellent parents, my proposals will not fail of being acceptable."

Elizabeth would make no reply, and immediately and in silence withdrew; determined, if he persisted in considering her repeated refusals as flattering encouragement, to apply to her father, whose negative might be uttered in such a manner as to be decisive, and whose behavior at least could not be mistaken for the affectation and coquetry of an elegant female.

Chapter 20

Mrs. Bennet, having dawdled about in the vestibule to watch for the end of the conference, no sooner saw Elizabeth open the door and with quick step pass her towards the staircase, than she entered the break-fast-room, and congratulated both him and herself in warm terms on the happy prospect or their nearer connection. Mr. Collins proceeded to relate the particulars of their interview.

This information, however, startled Mrs. Bennet.

"But, depend upon it, Mr. Collins," she added, "that Lizzy shall be brought to reason. I will speak to her about it directly. She is a very headstrong, foolish girl, and does not know her own interest but I will make her know it."

She hurried instantly to her husband and called out as she entered the library, "Oh! Mr. Bennet, you are wanted immediately; we are all in an uproar. You must come and make Lizzy marry Mr. Collins, for she vows she will not have him, and if you do not make haste he will change his mind and not have her."

Mr. Bennet raised his eyes from his book as she entered, and fixed them on her face with a calm unconcern which was not in the least altered by her communication.

"Speak to Lizzy about it yourself. Tell her that you insist upon her marrying him."

"Come here, child," cried her father as she appeared. "I have sent for you on an affair of importance. I understand that Mr. Collins has made you an offer of marriage. Is it true?" Elizabeth replied that it was. "Very well — and this offer of marriage you have refused?"

"I have, sir."

"Very well. We now come to the point. Your mother insists upon your accepting it. Is it not so, Mrs. Bennet?"

"Yes, or I will never see her again."

"An unhappy alternative is before you, Elizabeth. From this day you must be a stranger to one of your parents. Your mother will never see you again if you do not marry Mr. Collins, and I will never see you again if you do."

Mrs. Bennet, who had persuaded herself that her husband regarded the affair as she wished, was excessively disappointed.

While the family were in this confusion, Charlotte Lucas came to spend the day with them. She was met in the vestibule by Lydia, who, flying to her, cried in a half whisper, "I am glad you are come, for there is such fun here! What do you think has happened this morning? Mr. Collins has made an offer to Lizzy, and she will not have him."

Chapter 21

The morrow produced no abatement of Mrs. Bennet's ill-humour or ill health. Mr. Collins was also in the same state of angry pride. Elizabeth had hoped that his resentment might shorten his visit, but his plan did not appear in the least affected by it. He was always to have gone on Saturday, and to Saturday he meant to stay.

After breakfast, the girls walked to Meryton to inquire if Mr. Wickham were returned, and to lament over his absence from the Netherfield ball. He joined them on their entering the town, and attended them to their aunt's where his regret and vexation, and the concern of everybody, was well talked over. To Elizabeth, however, he voluntarily acknowledged that the necessity of his absence had been self-imposed.

Soon after their return, a letter was delivered to Miss Bennet; it came from Netherfield, and was opened immediately. Elizabeth saw her sister's countenance change as she read it, and saw her dwelling intently on some particular passages.

"This is from Caroline Bingley; what it contains has surprised me a good deal. The whole party have left Netherfield by this time, and are on their way to town — and without any intention of coming back again. I will read you the passage which particularly hurts me."

"Mr. Darcy is impatient to see his sister; and, to confess the truth, we are scarcely less eager to meet her again. I really do not think Georgiana Darcy has her equal for beauty, elegance, and accomplishments; and the affection she inspires in Louisa and myself is heightened into something still more interesting, from the hope we dare entertain of her being hereafter our sister."

"What do you think of this sentence, my dear Lizzy?" said Jane as she finished it.

"Miss Bingley sees that her brother is in love with you, and wants him to marry Miss Darcy. She follows him to town in hope of keeping him there, and tries to persuade you that he does not care about you. Indeed, Jane, you ought to believe me. No one who has ever seen you together can doubt his affection."

"But, my dear sister, can I be happy, even supposing the best, in accepting a man whose sisters and friends are all wishing him to marry elsewhere?"

"You must decide for yourself," said Elizabeth; "and if, upon mature deliberation, you find that the misery of disobliging his two sisters is more than equivalent to the happiness of being his wife, I advise you by all means to refuse him."

"How can you talk so?" said Jane. "But if he returns no more this winter, my choice will never be required. A thousand things may arise in six months!"

They agreed that Mrs. Bennet should only hear of the departure of the family, without being alarmed on the score of the gentleman's conduct; but even this partial communication gave her a great deal of concern. After lamenting it, however, at some length, Mrs. Bennet had the consolation that Mr. Bingley would be soon down again and soon dining at Longbourn.

Chapter 22

The Bennets were engaged to dine with the Lucases and during the chief of the day was Miss Lucas so kind as to listen to Mr. Collins. Charlotte's kindness extended farther than Elizabeth had any conception of; its object was nothing else than to secure her from any return of Mr. Collins's addresses, by engaging them towards herself. Such was Miss Lucas's scheme; and appearances were so favourable, that she would have felt almost sure of success if he had not been to leave so very soon. But here she did injustice to his character, for it led him to escape out of Longbourn House the next morning with admirable slyness, and hasten to Lucas Lodge to throw himself at her feet.

In as short a time as Mr. Collins's long speeches would allow, everything was settled between them to the satisfaction of both; Miss Lucas, who accepted him solely from the pure and disinterested desire of an establishment, cared not how soon that establishment were gained.

Sir William and Lady Lucas were speedily applied to for their consent; and it was bestowed with a most joyful alacrity. Mr. Collins's present circumstances made it a most eligible match for their daughter, to whom they could give little fortune; and his prospects of future wealth were exceedingly fair. Lady Lucas began directly to calculate, with more interest than the matter had ever excited before, how many years longer Mr. Bennet was likely to live. It was the only provision for well-educated young women of small fortune, and however uncertain of giving happiness, must be their pleasantest preservative from want. The least agreeable circumstance in the business was the surprise it must occasion to Elizabeth Bennet.

As he was to begin his journey too early on the morrow to see any of the family, the ceremony of leave-taking was performed when the ladies moved for the night; and Mrs. Bennet, with great politeness and cordiality, said how happy they should be to see him at Longbourn again, whenever his engagements might allow him to visit them.

"My dear madam," he replied, "this invitation is particularly gratifying, because it is what I have been hoping to receive; and you may be very certain that I shall avail myself of it as soon as possible."

They were all astonished; and Mr. Bennet, who could by no means wish for so speedy a return, immediately said:

"But is there not danger of Lady Catherine's disapprobation here, my good sir? You had better neglect your relations than run the risk of offending your patroness."

"My dear sir," replied Mr. Collins, "I am particularly obliged to you for this friendly caution, and you may depend upon my not taking so material a step without her ladyship's concurrence."

Mrs. Bennet wished to understand by it that he thought of paying his addresses to one of her younger girls. But on the following morning, every hope of this kind was done away. Miss Lucas called soon after breakfast, and in a private conference with Elizabeth related the event of the day before.

"Engaged to Mr. Collins! My dear Charlotte — impossible!"

"I see what you are feeling," replied Charlotte. "I ask only a comfortable home; and considering Mr. Collins's character, connection, and situation in life, I am convinced that my chance of happiness with him is as fair as most people can boast on entering the marriage state."

Charlotte did not stay much longer, and Elizabeth was then left to reflect on what she had heard. Mr. Collins's making two offers of marriage within three days was nothing in comparison of his being now accepted. She could not have supposed it to be possible that she would have sacrificed every better feeling to worldly advantage.

Chapter 23

Sir William Lucas himself appeared, sent by his daughter, to announce her engagement to the family. He unfolded the matter — to an audience not merely wondering, but incredulous; for Mrs. Bennet, with more perseverance than politeness, protested he must be entirely mistaken.

Nothing could console and nothing could appease her. Nor did that day wear out her resentment. A week elapsed before she could see Elizabeth without scolding her. Kitty and Lydia were far from envying Miss Lucas, for Mr. Collins was only a clergyman.

Lady Lucas could not be insensible of triumph on being able to retort on Mrs. Bennet the comfort of having a daughter well married; and she called at Longbourn rather oftener than usual to say how happy she was.

Jane had sent Caroline an early answer to her letter, and was counting the days till she might reasonably hope to hear again. The promised letter of thanks from Mr. Collins arrived on Tuesday.

Mr. Collins returned most punctually on Monday fortnight, but his reception at Longbourn was not quite so gracious as it had been on his first introduction. The chief of every day was spent by him at Lucas Lodge.

Mrs. Bennet was really in a most pitiable state.

Whenever Charlotte came to see them, she concluded her to be anticipating the hour of possession. She complained bitterly of all this to her husband.

"My dear, do not give way to such gloomy thoughts. Let us hope for better things. Let us flatter ourselves that I may be the survivor."

Chapter 24

Miss Bingley's letter arrived, and put an end to doubt. The very first sentence conveyed the assurance of their being all settled in London for the winter.

Hope was over, entirely over; and when Jane could attend to the rest of the letter, she found little, except the professed affection of the writer, that could give her any comfort. Miss Darcy's praise occupied the chief of it.

Elizabeth, to whom Jane very soon communicated the chief of all this, heard it in silent indignation. To Caroline's assertion of her brother's being partial to Miss Darcy she paid no credit. That he was really fond of Jane, she doubted no more than she had ever done; and much as she had always been disposed to like him, she could not think without anger, hardly without contempt, on that easiness of temper, that want of proper resolution, which now made him the slave of his designing friends, and led him to sacrifice of his own happiness to the caprice of their inclination.

"Oh, that my dear mother had more command over her- self! She can have no idea of the pain she gives me by her continual reflections on him. But I will not repine. It cannot last long. He will be forgot, and we shall all be as we were before."

With a stronger voice she soon added, "I have this

comfort immediately, that it has not been more than an error of fancy on my side, and that it has done no harm to anyone but myself."

"My dear Jane!" exclaimed Elizabeth, "you are too good. Your sweetness and disinterestedness are really angelic; I do not know what to say to you. You wish to think all the world respectable, and are hurt if I speak ill of anybody. I only want to think you perfect. There are few people whom I really love, and still fewer of whom I think well. Every day confirms my belief of the inconsistency of all human characters, and of the little dependence that can be placed on the appearance of merit or sense. I have met with two instances lately, one I will not mention; the other is Charlotte's marriage. It is unaccountable! In every view it is unaccountable!"

"My dear Lizzy, do not give way to such feelings as these. They will ruin your happiness. You do not make allowance enough for difference of situation and temper. Consider Mr. Collins's respectability, and Charlotte's steady, prudent character. Remember that she is one of a large family; that as to fortune, it is a most eligible match; and be ready to believe, for everybody's sake, that she may feel something like regard and esteem for our cousin."

"My dear Jane, Mr. Collins is a conceited, pompous, narrow-minded, silly man; you know he is, as well as I do; and you must feel, as well as I do, that the woman who married him cannot have a proper way of thinking. You shall not defend her, though it is Charlotte Lucas."

"I must think your language too strong in speaking of both," replied Jane. "But enough of this. You alluded to something else. You mentioned two instances. I cannot misunderstand you, but I entreat you, dear Lizzy, not to pain me by thinking that person to blame, and saying your opinion of him is sunk. We must not expect a lively young man to be always so guarded and circumspect. It is very often nothing but our own vanity that deceives us. Women fancy admiration means more than it does. I am not ashamed of having been mistaken — or, at least, it is slight, it is nothing in comparison of what I should feel in thinking ill of him or his sisters. Let me take it in the best light, in the light in which it may be understood."

Elizabeth could not oppose such a wish; and from this time Mr. Bingley's name was scarcely ever mentioned between them.

Mr. Wickham's society was of material service in dispelling the gloom which the late perverse occurrences had thrown on many of the Longbourn family. They saw him often, and to his other recommendations was now added that of general unreserve. The whole of what Elizabeth had already heard, his claims on Mr. Darcy, and all that he had suffered from him, was now openly acknowledged and publicly canvassed; and everybody was pleased to know how much they had always disliked Mr. Darcy before they had known anything of the matter.

Chapter 25

After a week spent in professions of love and schemes of felicity, Mr. Collins was called from his amiable Charlotte by the arrival of Saturday.

On the following Monday, Mrs. Bennet had the pleasure of receiving her brother and his wife, who came as usual to spend the Christmas at Longbourn. Mr. Gardiner was a sensible, gentlemanlike man, greatly superior to his sister, as well by nature as education. Mrs. Gardiner, who was several years younger than Mrs. Bennet and Mrs. Phillips, was an amiable, intelligent, elegant woman, and a great favourite with all her Longbourn nieces.

When Mrs. Gardiner distributed her presents and described the newest fashions, she had a less active part to play. It became her turn to listen to Mrs. Bennet.

When alone with Elizabeth afterwards, Mrs. Gardiner spoke more on the subject. "It seems likely to have been a desirable match for Jane. Do you think she would be prevailed upon to go back with us? Change of scene might be of service — and perhaps a little relief from home may be as useful as anything."

Elizabeth was exceedingly pleased with this proposal, and felt persuaded of her sister's ready acquiescence.

"I hope," added Mrs. Gardiner, "that no consideration with regard to this young man will influence her. We live in so different a part of town; all our connections are so different."

Miss Bennet accepted her aunt's invitation with pleasure; and the Bingleys were no otherwise in her thoughts at the same time, than as she hoped by Caroline's not living in the same house with her brother, she might occasionally spend a morning with her, without any danger of seeing him.

The Gardiners stayed a week at Longbourn; and what with the Phillipses, the Lucases, and the officers, there was not a day without its engagement. When the engagement was for home, some of the officers always made part of it — of which officers Mr. Wickham was sure to be one; and on these occasions, Mrs. Gardiner, rendered suspicious by Elizabeth's warm commendation, narrowly observed them both.

Chapter 26

Mrs. Gardiner's caution to Elizabeth was punctually and kindly given on the first favourable opportunity of speaking to her alone.

"Seriously, I would have you be on your guard. Do not involve yourself or endeavour to involve him in an affection which the want of fortune would make so very imprudent. You must not let your fancy run away with you. You have sense, and we all expect you to use it."

"At present I am not in love with Mr. Wickham; no, I certainly am not. But he is, beyond all comparison, the most agreeable man I ever saw. All that I can promise you, therefore, is not to be in a hurry. I will not be in a hurry to believe myself his first object."

Elizabeth having thanked her for the kindness of her hints, they parted.

Mr. Collins returned into Hertfordshire soon after it had been quitted by the Gardiners and Jane; but as he took up his abode with the Lucases, his arrival was no great inconvenience to Mrs. Bennet. Thursday was to be the wedding day, and on Wednesday Miss Lucas paid her farewell visit. Elizabeth, ashamed of her mother's ungracious and reluctant good wishes, and sincerely affected herself, accompanied her out of the room. As they went downstairs together, Charlotte said:

"I have a favour to ask you. Will you come and see me? My father and Maria are coming to me in March. I hope you will consent to be of the party."

Elizabeth could not refuse, though she foresaw little pleasure in the visit.

The wedding took place; the bride and bridegroom set off for Kent. Elizabeth soon heard from her friend; Elizabeth could never address her without felling that all the comfort of intimacy was over, and though determined not to slacken as a correspondent, it was for the sake of what had been, rather than what was.

Jane had already written a few lines to her sister to announce their safe arrival in London. She wrote again when the visit was paid, and she had seen Miss Bingley. "I did not think Caroline in spirits," were her words, "but she was very glad to see me. I inquired after their brother, of course. He was well, but so much engaged with Mr. Darcy that they scarcely ever saw him."

Four weeks passed away, and Jane saw nothing of him.

"My dearest Lizzy will, I am sure, be incapable of triumphing in her better judgement, at my expense, when I confess myself to have been entirely deceived in Miss Bingley's regard for me. If he had at all cared about me, we must have met, long ago. He knows of my being in town, I am certain, from something she said herself; and yet it would seem, by her manner of talking, as if she wanted to persuade herself that he is really partial to Miss Darcy. I cannot understand it. If I were not afraid of judging harshly, I should be almost tempted to say that there is a strong appearance of duplicity in all this."

This letter gave Elizabeth some pair; but her spirits returned as she considered that Jane would no longer be duped, by the sister at least. All expectation from the brother was now absolutely over.

Mrs. Gardiner about this time reminded Elizabeth of her promise concerning that gentleman, and required information. His apparent partiality had subsided, his attentions were over, he was the admirer of some one else. The sudden acquisition of ten thousand pounds was the most remarkable charm of the young lady to whom he was now rendering himself agreeable.

All this was acknowledged to Mrs. Gardiner; and after relating the circumstances, she thus went on: "I am now convinced, my dear aunt, that I have never been much in love; for had I really experienced that pure and elevating passion, I should at present detest his very name, and wish him all manner of evil."

Chapter 27

With no greater events than these in the Longbourn family, did January and February pass away. March was to take Elizabeth to Hunsford. The journey would moreover give her a peep at Jane. She was to company Sir William and second daughter.

It was a journey of only twenty-four miles, and they began it so early as to be in Gracechurch Street by noon. As they drove to Mr. Gardiner's door, Jane was at a drawing-room window watching their arrival; when they entered the passage she was there to welcome them, and Elizabeth. The day passed most pleasantly away; the morning in bustle and shopping, and the evening at one of the theatres.

Elizabeth then contrived to sit by her aunt. Their first object was her sister; and she was more grieved than astonished to hear, in reply to her minute inquiries, that though Jane always struggled to support her spirits, there were periods of dejection.

Mrs. Gardiner then rallied her niece on Wickham's desertion, and complimented her on bearing it so well.

"But my dear Elizabeth," she added, "what sort of girl is Miss King? I should be sorry to think our friend mercenary."

"Pray, my dear aunt, what is the difference in matrimonial

affairs, between the mercenary and the prudent motive? Where does discretion end, and avarice begin? Last Christmas you were afraid of his marrying me, because it would be imprudent; and now, because he is trying to get a girl with only ten thousand pounds, you want to find out that he is mercenary."

Before they were separated by the conclusion of the play, she had the unexpected happiness of an invitation to accompany her uncle and aunt in a tour of pleasure which they proposed taking in the summer.

"We have not determined how far it shall carry us," said Mrs. Gardiner. "but, perhaps, to the Lakes."

No scheme could have been more agreeable to Elizabeth, and her acceptance of the invitation was most ready and grateful. "Oh, my dear, dear aunt," she rapturously cried, "what delight! what felicity! You give me fresh life and vigour. Adieu to disappointment and spleen. What are young men to rocks and mountains?"

Chapter 28

Every object in the next day's journey was new and interesting to Elizabeth.

When they left the high road for the lane to Hunsford, every eye was in search of the Parsonage, and every turning expected to bring it in view.

At length the Parsonage was discernible. Mr. Collins and Charlotte appeared at the door. Elizabeth saw instantly that her cousin's manners were not altered by his marriage; his formal civility was just what it had been, and he detained her some minutes at the gate to hear and satisfy his inquiries after all her family.

When Mr. Collins said anything of which his wife might reasonably be ashamed, which certainly was not unseldom, Elizabeth involuntarily turned her eye on Charlotte. Once or twice she could discern a faint blush; but in general Charlotte wisely did not hear. Mr. Collins invited them to take a stroll in the garden. Here, leading the way through every walk and cross walk, and scarcely allowing them an interval to utter the praises he asked for, every view was pointed out with a minuteness which left beauty entirely behind.

She had already learnt that Lady Catherine was still in the country. It was spoken of again while they were at dinner, when Mr. Collins joining in, observed:

"Yes, Miss Elizabeth, you will have the honor of seeing Lady Catherine de Bourgh on the ensuing Sunday at church."

About the middle of the next day, as she was in her room getting ready for a walk, a sudden noise below seemed to speak the whole house.

Mr. Collins and Charlotte were both standing at the gate in conversation with Mrs. Jenkinson and Miss De Bourgh. The ladies drove on, and the others returned into the house. Mr. Collins no sooner saw the two girls than he began to congratulate them on their good fortune, which Charlotte explained by letting them know that the whole party was asked to dine at Rosings the next day.

Chapter 29

Mr. Collins's triumph, in consequence of this invitation, was complete. The power of displaying the grandeur of his patroness to his wondering visitors, and of letting them see her civility towards himself and his wife, was exactly what he had wished for.

When the ladies were separating for the toilette, he said to Elizabeth —

"Do not make yourself uneasy, my dear cousin, about your apparel. Lady Catherine is far from requiring that elegance of dress in us which becomes herself and her daughter. I would advise you merely to put on whatever of your clothes is superior to the rest — there is no occasion for anything more. Lady Catherine will not think the worse of you for being simply dressed. She likes to have the distinction of rank preserved."

As the weather was fine, they had a pleasant walk of about half a mile across the park.

From the entrance-hall, they followed the servants through an ante-chamber, to the room where Lady Catherine, her daughter, and Mrs. Jenkinson were sitting. Her ladyship, with great condescension, arose to receive them.

Lady Catherine was a tall, large woman, with strongly-marked features, which might once have been handsome.

After examining the mother, in whose countenance and deportment she soon found some resemblance of Mr. Darcy, Elizabeth turned her eyes on the daughter. Miss de Bourgh was pale and sickly; to Mrs. Jenkinson, in whose appearance there was nothing remarkable.

When the ladies returned to the drawing-room, there was little to be done but to hear Lady Catherine talk, which she did without any intermission till coffee came in, delivering her opinion on every subject. She inquired into Charlotte's domestic concerns familiarly and minutely, gave her a great deal of advice as to the management of them all; she addressed a variety of questions to Maria and Elizabeth, but especially to the latter, of whose connections she knew the least, and who she observed to Mrs. Collins was a very genteel, pretty kind of girl. She asked her, at different times, how many sisters she had, whether they were older or younger than herself, whether any of them were likely to be married, whether they were handsome, where they had been educated, what carriage her father kept, and what had been her mother's maiden name? Elizabeth felt all the impertinence of her questions but answered them very composedly.

When the gentlemen had joined them, and tea was over, the card-tables were placed. Their table was superlatively stupid. Scarcely a syllable was uttered that did not relate to the game.

When Lady Catherine and her daughter had played as long as they chose, the tables were broken up, the carriage was offered to Mrs. Collins. With many speeches of thankfulness on Mr. Collins's side, and as many bows on Sir William's they departed.

Chapter 30

Sir William stayed only a week at Hunsford, but his visit was long enough to convince him of his daughter's being most comfortably settled, and of her possessing such a husband and such a neighbour as were not often met with.

The entertainment of dining at Rosings was repeated about twice a week; and, allowing for the loss of Sir William, and there being only one card-table in the evening, every such entertainment was the counterpart of the first. Their other engagements were few. This, however, was no evil to Elizabeth, and upon the whole she spent her time comfortably enough; there were half-hours of pleasant conversation with Charlotte, and the weather was so fine for the time of year that she had often great enjoyment out of doors. Her favourite walk, and where she frequently went while the others were calling on Lady Catherine, was along the open grove which edged that side of the park, where there was a nice sheltered path, which no one seemed to value but herself.

In this quiet way, the first fortnight of her visit soon passed away. Easter was approaching. Elizabeth had heard soon after her arrival that Mr. Darcy was expected there in the course of a few weeks, and though there were not many of her acquaintances whom she did not prefer, his coming would furnish one comparatively new to look at in their

Rosings parties.

His arrival was soon known at the Parsonage; for Mr. Collins was walking the whole morning within view of the lodges opening into Hunsford Lane, in order to have the earliest assurance of it, and after making his bow as the carriage turned into the Park, hurried home with the great intelligence. On the following morning he hastened to Rosings to pay his respects. There were two nephews of Lady Catherine to require them, for Mr. Darcy had brought with him a Colonel Fitzwilliam, the younger son of his uncle Lord — , and, to the great surprise of all the party, when Mr. Collins returned, the gentlemen accompanied him.

Colonel Fitzwilliam, who led the way, was about thirty, not handsome, but in person and address most truly the gentleman. Mr. Darcy looked just as he had been used to look in Hertfordshire — paid his compliments, with his usual reserve, to Mrs. Collins, and whatever might be his feelings toward her friend, met her with every appearance of composure. Elizabeth merely curtseyed to him without saying a word.

"My eldest sister has been in town these three months. Have you never happened to see her there?"

She was perfectly sensible that he never had; but she wished to see whether he would betray any consciousness of what had passed between the Bingleys and Jane, and she thought he looked a little confused as he answered that he had never been so fortunate as to meet Miss Bennet. The subject was pursued no farther, and the gentlemen soon afterwards went away.

Chapter 31

It was not till Easter-day, almost a week after the gentlemen's arrival, that they were honoured by such an attention, and then they were merely asked on leaving church to come to Rosings in the evening.

The invitation was accepted of course, and at a proper hour they joined the party in Lady Catherine's drawingroom.

Colonel Fitzwilliam seemed really glad to see them; anything was a welcome relief to him at Rosings; and Mrs. Collins's pretty friend had moreover caught his fancy very much. They conversed with so much spirit and flow, as to draw the attention of Lady Catherine herself, as well as of Mr. Darcy.

"What is that you are saying, Fitzwilliam? What is it you are talking of? What are you telling Miss Bennet? Let me hear what it is."

"We are speaking of music, madam," said he, when no longer able to avoid a reply.

"Of music! Then pray speak aloud. It is of all subjects my delight. I must have my share in the conversation if you are speaking of music. There are few people in England, I suppose, who have more true enjoyment of music than myself, or a better natural taste."

Mr. Darcy looked a little ashamed of his aunt's ill-breeding.

When coffee was over, Colonel Fitzwilliam reminded Elizabeth of having promised to play to him; and she sat down directly to the instrument. He drew a chair near her. Lady Catherine listened to half a song, and then talked, as before, to her other nephew; till the latter walked away from her, and making with his usual deliberation towards the pianoforte, stationed himself so as to command a full view of the fair performer's countenance. Elizabeth saw what he was doing, and at the first convenient pause, turned to him with an arch smile, and said:

"You mean to frighten me, Mr. Darcy, by coming in all this state to hear me? I will not be alarmed though your sister does play so well."

"I shall not say you are mistaken," he replied, "because you could not really believe me to entertain any design of alarming you; and I have had the pleasure of your acquaintance long enough to know that you find great enjoyment in occasionally professing opinions which in fact are not your own."

Elizabeth laughed heartily at this picture of herself, and said to Colonel Fitzwilliam, "I am particularly unlucky in meeting with a person so able to expose my real character, in a part of the world where I had hoped to pass myself off with some degree of credit. Indeed, Mr. Darcy, it is very ungenerous in you to mention all that you knew to my disadvantage in Hertfordshire — and, give me leave to say, very impolitic too — for it is provoking me to retaliate, and such things may come out as will shock your relations to hear."

"I am not afraid of you," said he, smilingly.

"Pray let me hear what you have to accuse him of," cried Colonel Fitzwilliam.

"The first time of my ever seeing him in Hertfordshire, you must know, was at a ball — and at this ball, what do you think he did? He danced only four dances, though gentlemen were scarce."

"I am ill-qualified to recommend myself to strangers."

"It is because he will not give himself the trouble," said Fitzwilliam.

Here they were interrupted by Lady Catherine, who called out to know what they were talking of. She remained at the instrument till her ladyship's carriage was ready to take them all home.

Chapter 32

Elizabeth was sitting by herself the next morning, and writing to Jane while Mrs. Collins and Maria were gone on business into the village, when she was startled by a ring at the door, the certain signal of a visitor. When the door opened, and, to her very great surprise, Mr. Darcy, and Mr. Darcy only, entered the room.

He seemed astonished too on finding her alone, and apologised for his intrusion by letting her know that he had understood all the ladies were to be within.

"This seems a very comfortable house. Lady Catherine, I believe, did a great deal to it when Mr. Collins first came to Hunsford."

"I believe she did — and I am sure she could not have bestowed her kindness on a more grateful object."

"Mr. Collins appears to be very fortunate in his choice of a wife."

"Yes, indeed."

"Are you pleased with Kent?"

A short dialogue on the subject of the country ensued, on either side calm and concise — and soon put an end to by the entrance of Charlotte and her sister, just returned from her walk. The tete-a-tete surprised them. Mr. Darcy related the mistake which had occasioned his intruding on Miss Bennet, and after sitting a few minutes longer without saying much to anybody, went away.

"What can be the meaning of this?" said Charlotte, as soon as he was gone. "My dear, Eliza, he must be in love with you, or he would never have called us in this familiar way."

But when Elizabeth told of his silence; it did not seem very likely, even to Charlotte's wishes, to be the case; and after various conjectures, they could at last only suppose his visit to proceed from the difficulty of finding anything to do.

Chapter 33

More than once did Elizabeth, in her ramble within the park, unexpectedly meet Mr. Darcy. She felt all the perverseness of the mischance that should bring him where no one else was brought, and, to prevent its ever happening again, took care to inform him at first that it was a favourite haunt of hers. How it could occur a second time, therefore, was very odd! Yet it did, and even a third. It seemed like wilful ill-nature, or a voluntary penance, for on these occasions it was not merely a few formal inquiries and an awkward pause and then away, but he actually thought it necessary to turn back and walk with her. It distressed her a little, and she was quite glad to find herself at the gate in the pales opposite the Parsonage.

She was engaged one day as she walked in re-perusing Jane's last letter. Instead of being again surprised by Mr. Darcy, she saw on looking up that Colonel Fitzwilliam was meeting her.

"Do you certainly leave Kent on Saturday?" said she.

"Yes — if Darcy does not put it off again."

"I do not know anybody who seems more to enjoy the power of doing what he likes than Mr. Darcy."

"He likes to have his own way very well," replied Colonel Fitzwilliam. "But so we all do. It is only that he has better means of having it than many others, because he is rich, and many others are poor. A younger son, you know, must be inured to self-denial and dependence."

"In my opinion, the younger son of an earl can know very little of either. When have you been prevented by want of money from going wherever you chose, or procuring anything you had a fancy for?"

"In matters of greater weight, I may suffer from want of money. Younger sons cannot marry where they like."

"Unless where they like women of fortune, which I think they very often do."

"There are not many in my rank of life who can afford to marry without some attention to money."

"Is this," thought Elizabeth, "meant for me?" and she coloured at the idea.

"Mrs. Hurst and Miss Bingley. I think I have heard you say that you know them."

"I know them a little. Their brother is a pleasant gentlemanlike man — he is a great friend of Darcy's. From something that he told me in our journey hither, I have reason to think Bingley very much indebted to him."

"What is it you mean?"

"He congratulated himself on having lately saved a friend from the inconveniences of a most imprudent marriage, but without mentioning names or any other particulars."

"Did Mr. Darcy give you reasons for this interference?"

"I understood that there were some very strong objections against the lady."

"And what arts did he use to separate them?"

"He did not talk to me of his own arts."

This was spoken jestingly; but it appeared to her so just a picture of Mr. Darcy. Therefore, abruptly changing the conversation talked on indifferent matters until they reached the Parsonage. That he had been concerned in the measures taken to separate Bingley and Jane she had never doubted; but she had always attributed to Miss Bingley the principal design and arrangement of them. If his own vanity, however, did not mislead him, he was the cause, his pride and caprice were the cause, of all that Jane had suffered, and still continued to suffer.

"There were some very strong objections against the lady," were Colonel Fitzwilliam's words.

"To Jane herself," she exclaimed, "there could be no possibility of objection; all loveliness and goodness as she is! — her understanding excellent, her mind improved, and her manners captivating." When she thought of her mother, her confidence gave way a little; but she was convinced that his pride would receive a deeper wound from the want of importance in his friend's connections. She was quite decided, at last, that he had been partly governed by this worst kind of pride.

It grew so much worse towards the evening, that, added to her unwillingness to see Mr. Darcy, it determined her not to attend her cousins to Rosings, where they were engaged to drink tea.

Chapter 34

When they were gone, Elizabeth, as if intending to exasperate herself as much as possible against Mr. Darcy, chose for her employment the examination of all the letters which Jane had written to her since her being in Kent. They contained no actual complaint, nor was there any revival of past occurrences, or any communication of present suffering. But in all, and in almost every line of each, there was a want of that cheerfulness which had been used to characterise her style, and which, proceeding from the serenity of a mind at ease with itself and kindly disposed towards everyone, had been scarcely ever clouded.

While settling this point, she was suddenly roused by the sound of the door-bell, and her spirits were a little fluttered by the idea of its being Colonel Fitzwilliam himself.

But this idea was soon banished, and her spirits were very differently affected, when, to her utter amazement, she saw Mr. Darcy walk into the room. In an hurried manner he immediately began an inquiry after her health, imputing his visit to a wish of hearing that she were better. She answered him with cold civility. He sat down for a few moments, and then getting up, walked about the room. Elizabeth was surprised, but said not a word. After a silence of several minutes, he came towards her in an agitated manner, and thus began:

"In vain I have struggled. It will not do. My feelings will not be repressed. You must allow me to tell you how ardently I admire and love you."

"In such cases as this, it is, I believe, the established mode to express a sense of obligation for the sentiments avowed, however unequally they may be returned. It is natural that obligation should be felt, and if I could feel gratitude, I would now thank you. But I cannot — I have never desired your good opinion."

"And this is all the reply which I am to have the honour of expecting! I might, perhaps, wish to be informed why, with so little endeavour at civility, I am thus rejected."

"Had not my feelings decided against you — had they been indifferent, or had they even been favourable, do you think that any consideration would tempt me to accept the man who has been the means of ruining, perhaps for ever, the happiness of a most beloved sister?"

"I have no wish of denying that I did everything in my power to separate my friend from your sister, or that I rejoice in my success. Towards him I have been kinder than towards myself."

"On which my dislike is founded. Long before it had taken place my opinion of you was decided. Your character was unfolded in the recital which I received many months ago from Mr. Wickham. On this subject, what can you have to say?"

"You take an eager interest in that gentleman's concerns," said Darcy, in a less tranquil tone, and with a heightened colour.

"You have reduced him to his present state of poverty. You have withheld the advantages which you must know to have been designed for him. You have done all this! And yet you can treat the mention of his misfortune with contempt and ridicule."

"And this," cried Darcy, as he walked with quick steps across the room, "is your opinion of me! This is the estimation in which you hold me! I thank you for explaining it so fully. My faults, according to this calculation, are heavy indeed!

"From the very beginning of my acquaintance with you, your manners, impressing me with the fullest belief of your arrogance, your conceit, and your selfish disdain of the feelings of others, were such as to form the groundwork of disapprobation on which succeeding events have built so immovable a dislike; and I had not known you a month before I felt that you were the last man in the world whom I could ever be prevailed on to marry."

"You have said quite enough, madam. I perfectly comprehend your feelings, and have now only to be ashamed of what my own have been. Forgive me for having taken up so much of your time, and accept my best wishes for your health and happiness."

And with these words he hastily left the room, and Elizabeth heard him the next moment open the front door and quit the house.

The tumult of her mind, was now painfully great. She knew not how to support herself, and from actual weakness sat down and cried for half-an-hour. That she should receive an offer of marriage from Mr. Darcy! So much in love as to wish to marry her in spite of all the objections which had made him prevent his friend's marrying her sister, and which must appear at least with equal force in his own case — was almost incredible! It was gratifying to have inspired unconsciously so strong an affection. But his pride, his abominable pride — his shameless avowal of what he had done with respect to Jane — his unpardonable assurance in acknowledging, though he could not justify it, and the unfeeling manner in which he had mentioned Mr. Wickham, his cruelty towards whom he had not attempted to deny, soon overcame the pity which the consideration of his attachment had for a moment excited.

Chapter 35

Elizabeth awoke the next morning to the same thoughts and meditations which had at length closed her eyes. She could not yet recover from the surprise of what had happened; it was impossible to think of anything else; and, totally indisposed for employment, she resolved, soon after breakfast, to indulge herself in air and exercise.

She was on the point of continuing her walk, when she caught a glimpse of a gentleman within the sort of grove which edged the park; he was moving that way; and, fearful of its being Mr. Darcy, she was directly retreating. He had by that time reached it also, and, holding out a letter. "Will you do me the honour of reading that letter?" And then, with a slight bow, turned again into the plantation, and was soon out of sight.

Pursuing her way along the lane, she then began it.

"Be not alarmed, madam, on receiving this letter, by the apprehension of its containing any repetition of those sentiments or renewal of those offers which were last night so disgusting to you. I write without any intention of paining you, or humbling myself, by dwelling on wishes which, for the happiness of both, cannot be too soon forgotten."

"Two offenses of a very different nature, and by no means of equal magnitude, you last night laid to my charge. The first mentioned was, that, regardless of the sentiments of either, I had detached Mr. Bingley from your sister, and the other, that I had, in defiance of various claims, in defiance of honour and humanity, ruined the immediate prosperity and blasted the prospects of Mr. Wickham."

"I had not been long in Hertfordshire, before I saw, in common with others, that Bingley preferred your elder sister to any other young woman in the country. But it was not till the evening of the dance at Netherfield that I had any apprehension of his feeling a serious attachment. I remained convinced from the evening's scrutiny, that though she received his attentions with pleasure, she did not invite them by any participation of sentiment. But there were other causes of repugnance. The situation of your mother's family, though objectionable, was nothing in comparison to that total want of propriety so frequently, so almost uniformly betrayed by herself, by your three younger sisters, and occasionally even by your father. Pardon me. It pains me to offend you. But let it give you consolation to consider that, to have conducted yourselves so as to avoid any share of the like censure, is praise no less generally bestowed on you and your elder sister, than it is honourable to the sense and disposition of both. If I have wounded your sister's feelings, it was unknowingly done."

"With respect to that other, more weighty accusation, of having injured Mr. Wickham, I can only refute it by laying before you the whole of his connection with my family. Mr. Wickham is the son of a very respectable man, who had for many years the management of all the Pemberley estates, and whose good conduct in the discharge of his trust naturally inclined my father to be of service to him; and on George Wickham, who was his godson, his kindness was therefore liberally bestowed. My father supported him at school, and afterwards at Cambridge. My father had also the highest opinion of him, and hoping the church would be his profession. My excellent father died about five years ago; and his attachment to Mr. Wickham was to the last so steady, that in his will he particularly recommended it to me, to promote his advancement in the best manner that his profession might allow — and if he took orders, desired that a valuable family living might be his as soon as it became vacant. There was also a legacy of one thousand pounds. Within half a year from these events, Mr. Wickham wrote to inform me that, having finally resolved against taking orders, he hoped I should not think it unreasonable for him to expect some more immediate pecuniary advantage, in lieu of the preferment, by which he could not be benefited. He resigned all claim to assistance in the church, were it possible that he could ever be in a situation to receive it, and accepted in return three thousand pounds. In town I believe he chiefly lived, but his studying the law was a mere pretence, and being now free from all restraint, his life was a life of idleness and dissipation. For about three years I heard little of him; but on the decease of the incumbent of the living which had been designed for him, he applied to me again by letter for the presentation. You will hardly blame me for refusing to comply with this entreaty, or for resisting every repetition to it. His resentment was in proportion to the distress of his circumstances. After this period every appearance of acquaintance was dropped. How he lived I know not. But last summer he was again most painfully obtruded on my notice."

"My sister, who is more than ten years my junior. About a year ago, she was taken from school, and an establishment formed for her in London; and last summer she went with the lady who presided over it, to Ramsgate; and thither also went Mr. Wickham. By her connivance and aid, he so far recommended himself to Georgiana that she was persuaded to believe herself in love, and to consent to an elopement. She was then but fifteen; and after stating her imprudence, I am happy to add, that I owed the knowledge of it to herself. Regard for my sister's credit and feelings prevented any public exposure; but I wrote to Mr. Wickham, who left the place immediately. Mr. Wickham's chief object was unquestionably my sister's fortune, which is thirty thousand pounds; but I cannot help supposing that the hope of revenging himself on me was a strong inducement."

"You may possibly wonder why all this was not told you last night; but I was not then master enough of myself to know what could or ought to be revealed. For the truth of everything here related, I can appeal more particularly to the testimony of Colonel Fitzwilliam. I will only add, God bless you.

"FITZWILLIAM DARCY"

Chapter 36

Her feelings as she read were scarcely to be defined. His belief of her sister's insensibility she instantly resolved to be false; and his account of the real, the worst objections to the match, made her too angry to have any wish of doing him justice.

But when this subject was succeeded by his account of Mr. Wickham — when she read with somewhat clearer attention a relation of events which, if true, must overthrow every cherished opinion of his worth, and which bore so alarming an affinity to his own history of himself — her feelings were yet more acutely painful and more difficult of definition.

So far each recital confirmed the other; but when she came to the will, the difference was great.

The extravagance and general profligacy which he scrupled not to lay at Mr. Wickham's charge, exceedingly shocked her; the more so, as she could bring no proof of its injustice. Of his former way of life nothing had been known in Hertfordshire but what he told himself. She could see him instantly before her, in every charm of air and address; but she could remember no more substantial good than the general approbation of the neighbourhood, and the regard which his social powers had gained him in the mess. At last she was referred for the truth of every particular to Colonel Fitzwilliam himself. At one time she had almost resolved on applying to him, but the idea was checked by the awkwardness of the application, and at length wholly banished.

She perfectly remembered everything that had passed in conversation between Wickham and herself in their first meeting. She was now struck with the impropriety of such communications to a stranger. She remembered also that , till the Netherfield family had quitted the country, he had told his story to no one but herself, but that after their removal it had been everywhere discussed; that he had then no reserves, no scruples in sinking Mr. Darcy's character, though he had assured her that respect for the father would always prevent his exposing the son.

How differently did everything now appear in which he was concerned! His attentions to Miss King were now the consequence of views solely and hatefully mercenary. His behaviour to herself could now have had no tolerable motive; he had either been deceived with regard to her fortune, or had been gratifying his vanity by encouraging the preference which she believed she had most incautiously shown.

She grew absolutely ashamed of herself. Of neither Darcy nor Wickham could she think without feeling she had been blind, partial, prejudiced, absurd.

"How despicably I have acted!" she cried.

From herself to Jane — from Jane to Bingley, her thoughts were in a line which soon brought to her recollection that Mr. Darcy's explanation there had appeared very insufficient, and she read it again.

Widely different was the effect of a second perusal. He declared himself to be totally unsuspicious of her sister's attachment; and she could not help remembering what Charlotte's opinion had always been. She felt that Jane's feelings, though fervent, were little displayed, and that there was a constant complacency in her air and manner not often united with great sensibility.

When she came to that part of the letter in which her family were mentioned in terms of such mortifying, yet merited reproach, her sense of shame was severe.

Jane's disappointment had in fact been the work of her nearest relations, and as she reflected how materially the credit of both must be hurt by such impropriety of conduct, she felt depressed beyond anything she had ever known before.

After wandering along the lane for two hours, giving way to every variety of thought, fatigue, and a recollection of her long absence, mad her at length home.

She was immediately told that the two gentlemen from Rosings had each called during her absence; Mr. Darcy, only for a few minutes, to take leave — but that Colonel Fitzwilliam had been sitting with them at least an hour, hoping for her return. Colonel Fitzwilliam was no longer an object; she could think only of her letter.

Chapter 37

The two gentlemen left Rosings the next morning. To Rosings Mr. Collins then hastened, to console Lady Catherine and her daughter; and on his return brought back, with great satisfaction, a message from her ladyship, importing that she felt herself so dull as to make her very desirous of having them all to dine with her.

Elizabeth could not see Lady Catherine without recollecting that, had she chosen it, she might by this time have been presented to her as her future niece; nor could she think, without a smile, of what her ladyship's indignation would have been.

Lady Catherine observed, after dinner, that Miss Bennet seemed out of spirits, and immediately accounting for it by herself, by supposing that she did not like to go home again so soon, she added:

"But if that is the case, you must write to your mother and beg that you may stay a little longer."

"I am much obliged to your ladyship for your kind invitation," replied Elizabeth, "but it is not in my power to accept it. I must be in town next Saturday."

"If you will stay another month complete, it will be in my power to take one of you as far as London, for I am going there early in June, for a week."

"You are all kindness, madam; but I believe we must

abide by our original plan."

Mr. Darcy's letter she was in a fair way of soon knowing by heart. When she remembered the style of his address, she was still full of indignation; but when she considered how unjustly she had condemned and upbraided him, her anger was turned against herself.

How grievous then was the thought that, of a situation so desirable in every respect, so replete with advantage, so promising for happiness, Jane had been deprived, by the folly and indecorum of her own family!

When to these recollections was added the development of Wickham's character, it may be easily believed that the happy spirits which had seldom been depressed before, were now so much affected as to make it almost impossible for her to appear tolerably cheerful.

Their engagements at Rosings were as frequent during the last week of her stay as they had been at first.

When they parted, Lady Catherine, with great condescension, wished them a good journey, and invited them to come to Hunsford again next year. Miss de Bourgh exerted herself so far as to curtsey and hold out her hand to both.

Chapter 38

On Saturday morning Elizabeth and Mr. Collins met for breakfast a few minutes before the others appeared; and he took the opportunity of paying the parting civilities which he deemed indispensably necessary.

"I know not, Miss Elizabeth," said he, "whether Mrs. Collins has yet expressed her sense of your kindness in coming to us. Our plain manner of living, our small rooms and few domestics, and the little we see of the world, must make Hunsford extremely dull to a young lady like yourself; but I hope you will believe us grateful for the condescension, and that we have done everything in our power to prevent your spending your time unpleasantly."

Elizabeth was eager with her thanks and assurances of happiness.

"From our connection with Rosings, the frequent means of varying the humble home scene, I think we may flatter ourselves that your Hunsford visit cannot have been entirely irksome. Our situation with regard to Lady Catherine's family is indeed the sort of extraordinary advantage and blessing which few can boast. You see on what a footing we are. You see how continually we are engaged there."

At length the chaise arrived, the trunks were fastened on, the parcels placed within.

The carriage drove off.

"It seems but a day or two since we first came! and yet how many things have happened!" cried Maria.

"How much I shall have to tell!"

Elizabeth added privately, "And how much I shall have to conceal!"

Within four hours of their leaving Hunsford they reached Mr. Gardiner's house, where they were to remain a few days.

Jane looked well. It was not without an effort, meanwhile, that she could wait even for Longbourn, before she told her sister of Mr. Darcy's proposals. It was such a temptation to openness as nothing could have conquered but the state of indecision in which she remained as to the extent of what she should communicate; and her fear, if she entered on the subject, of being hurried into repeating something of Bingley which might only grieve her sister further.

Chapter 39

It was the second week in May, in which the three young ladies set out together from Gracechurch Street for the town of — , in Hertfordshire. They drew near the appointed inn where Mr. Bennet's carriage was to meet them, both Kitty and Lydia looking out of a dining-room upstairs.

"Now I have got good news for you," said Lydia, as they sat down at table.

"There is no danger of Wickham's marrying Mary King. There's for you! She is gone down to her uncle at Liverpool: gone to stay. Wickham is safe."

"And Mary King is safe!" added Elizabeth; "safe from a connection imprudent as to fortune."

"She is a great fool for going away, if she liked him."

As soon as all had ate, and the elder ones paid, the carriage was ordered.

Their reception at home was most kind. Mrs. Bennet rejoiced to see Jane in undiminished beauty; and more than once during dinner did Mr. Bennet say voluntarily to Elizabeth:

"I am glad you are come back, Lizzy."

Their party in the dining-room was large, for almost all the Lucases came to meet Maria and hear the news; and various were the subjects that occupied them.

In the afternoon Lydia was urgent with the rest of the girls to walk to Meryton, and to see how the officials went on; but Elizabeth steadily opposed the scheme. She dreaded seeing Mr. Wickham again, and was resolved to avoid it as long as possible. The comfort to her of the regiment's approaching removal was indeed beyond expression. In a fortnight they were to go — and once gone, she hoped there could be nothing more to plague her on his account.

Chapter 40

Elizabeth's impatience to acquaint Jane with what had happened could no longer be overcome; she related to her the next morning the chief of the scene between Mr. Darcy and herself.

She was sorry that Mr. Darcy should have delivered his sentiments in a manner so little suited to recommend them; but still more was she grieved for the unhappiness which her sister's refusal must have given him.

She then spoke of the letter, repeating the whole of its contents at far as they concerned George Wickham. What a stroke was this for poor Jane! who would willingly have gone through the world without believing that so much wickedness existed in the whole race of mankind, as was here collected in one individual.

The tumult of Elizabeth's mind was allayed by this conversation. She had got rid of two of the secrets which had weighed on her for a fortnight. But there was still something lurking behind, of which prudence forbade the disclosure. She dared not relate the other half of Mr. Darcy's letter, nor explain to her sister how sincerely she had been valued by his friend.

She was now, on being settled at home, at leisure to observe the real state of her sister's spirits. Jane was not happy. She still cherished a very tender affection for Bingley.

Chapter 41

The first week of their return was soon gone. The second began. It was the last of the regiment's stay in Meryton, and all the young ladies in the neighbourhood were drooping apace. The dejection was almost universal.

The gloom of Lydia's prospect was shortly cleared away; for she received an invitation from Mrs. Forster, the wife of the colonel of the regiment, to accompany her to Brighton. The rapture of Lydia on this occasion, her adoration of Mrs. Forster, the delight of Mrs. Bennet, and the mortification of Kitty, are scarcely to be described.

As for Elizabeth herself, this invitation was so far from exciting. She could not help secretly advising her father not to let her go.

"Lydia will never be easy until she has exposed herself in some public place or other, and we can never expect her to do it with so little expense or inconvenience to her family as under the present circumstances."

"If you were aware," said Elizabeth, "of the very great disadvantage to us all which must arise from the public notice of Lydia's unguarded and imprudent manner — nay, which has already arisen from it, I am sure you would judge differently in the affair."

"Already arisen?" repeated Mr. Bennet. "What, has she frightened away some of your lovers? Such squeamish youths as cannot bear to be connected with a little absurdity are not worth a regret."

"Our importance, our respectability in the world must be affected by the wild volatility, the assurance and disdain of all restraint which mark Lydia's character."

"Do not make yourself uneasy, my love. Wherever you and Jane are known you must be respected and valued. We shall have no peace at Longbourn if Lydia does not go to Brighton. Let her go, then. Colonel Forster is a sensible man, and will keep her out of any real mischief; and she is luckily too poor to be an object of prey to anybody."

With this answer Elizabeth was forced to be content; but her own opinion continued the same, and she left him disappointed and sorry.

Elizabeth was now to see Mr. Wickham for the last time. On the very last day of the regiment's remaining at Meryton, he dined, with other of the officers, at Longbourn; and so little was Elizabeth disposed to part from him in good humour, that on his making some inquiry as to the manner in which her time had passed at Hunsford, she mentioned Colonel Fitzwilliam's and Mr. Darcy's having both spent three weeks at Rosings.

He looked surprised, displeased, alarmed.

"And you saw him frequently?"

"Yes, almost every day."

"His manners are very different from his cousin's."

"Yes, very different. But I think Mr. Darcy improves upon acquaintance. When I said that he improved on acquaintance, I did not mean that his mind or his manners were in a state of improvement, but that, from knowing him better, his disposition was better understood."

Wickham's alarm now appeared in a heightened complexion and agitated look.

"You, who so well know my feeling towards Mr. Darcy, will readily comprehend how sincerely I must rejoice that he is wise enough to assume even the appearance of what is right. I only fear that the sort of cautiousness to which you, I imagine, have been alluding, is merely adopted on his visits to his aunt, of whose good opinion and judgement he stands much in awe."

Elizabeth could not repress a smile at this, but she answered only by a slight inclination of the head. The rest of the evening passed with the appearance, on his side, of usual cheerfulness, but with no further attempt to distinguish Elizabeth; and they parted at last with mutual civility, and possibly a mutual desire of never meeting again.

When the party broke up, Lydia returned with Mrs. Forster to Meryton, from whence they were to set out early the next morning.

Chapter 42

After the first fortnight or three weeks of Lydia's absence, health, good humour, and cheerfulness began to reappear at Longbourn. Everything wore a happier aspect. The families who had been in town for the winter came back again, and summer finery and summer engagements arose.

The time fixed for the beginning of their northern tour was now fast approaching, and a fortnight only was wanting of it, when a letter arrived from Mrs. Gardiner, which at once delayed its commencement and curtailed its extent. They were obliged to give up the Lakes, and substitute a more contracted tour, and, according to the present plan, were to go no farther northwards than Derbyshire.

Elizabeth was excessively disappointed. But it was her business to be satisfied.

With the mention of Derbyshire there were many ideas connected. It was impossible for her to see the word without thinking of Pemberley and its owner.

Four weeks were to pass away before her uncle and aunt's arrival. But they did pass away, and Mr. and Mrs. Gardiner, with their four children, did at length appear at Longbourn.

The Gardiners stayed only one night at Longbourn,

and set off the next morning with Elizabeth in pursuit of novelty and amusement.

To the little town of Lambton, the scene of Mrs. Gardiner's former residence, and where she had lately learned some acquaintance still remained, they bent their steps, after having seen all the principal wonders of the country; and within five miles of Lambton, Elizabeth found from her aunt that Pemberley was situated.

"My love, should not you like to see a place of which you have heard so much?" said her aunt.

Elizabeth was distressed. She must own that she was tired of seeing great houses; after going over so many, she really had no pleasure in fine carpets or satin curtains.

Mrs. Gardiner abused her stupidity. "If it were merely a fine house richly furnished," said she, "I should not care about it myself; but the grounds are delightful. They have some of the finest woods in the country."

Elizabeth said no more — but her mind could not acquiesce. The possibility of meeting Mr. Darcy, while viewing the place, instantly occurred.

To Pemberley, therefore, they were to go.

Volume Ⅲ

Chapter 43

Elizabeth, as they drove along, watched for the first appearance of Pemberley Woods with some perturbation; and when at length they turned in at the lodge, her spirits were in a high flutter.

Elizabeth's mind was too full for conversation, but she saw and admired every remarkable spot and point of view. They gradually ascended for half-a-mile, and then found themselves at the top of a considerable eminence, where the wood ceased, and the eye was instantly caught by Pemberley House, situated on the opposite side of a valley, into which the road with some abruptness wound. It was a large, handsome stone building, standing well on rising ground, and backed by a ridge of high woody hills; and in front, a stream of some natural importance was swelled into greater, but without any artificial appearance. Its banks were neither formal nor falsely adorned.

They descended the hill, crossed the bridge, and drove to the door; and, while examining the nearer aspect of the house, all her apprehension of meeting its owner returned. On applying to see the place, they were admitted into the hall.

The housekeeper came; a respectable-looking elderly woman, much less fine, and more civil, than she had any notion of finding her. They followed her into the dining-parlour. It was a large, well proportioned room, handsomely fitted up. The rooms were lofty and handsome, and their furniture suitable to the fortune of its proprietor; but Elizabeth saw, with admiration of his taste, that it was neither gaudy nor uselessly fine.

She longed to inquire of the housekeeper whether her master was really absent, but had not the courage for it. At length however, the question was asked by her uncle; and she turned away with alarm, while Mrs. Reynolds replied that he was, adding, "But we expect him to-morrow, with a large party of friends. If I were to go through the world, I could not meet with a better. But I have always observed, that they who are good-natured when children, are good-natured when they grow up; and he was always the sweetest-tempered, most generous-hearted boy in the world."

Elizabeth almost stared at her. "Can this be Mr. Darcy?" thought she.

In the gallery there were many family portraits. At last the only face whose feature would be known to her arrested her — and she beheld a striking resemblance to Mr. Darcy, with such a smile over the face as she remembered to have sometimes seen when he looked at her.

There was certainly at this moment, in Elizabeth's mind, a more gentle sensation towards the original than she had ever felt at the height of their acquaintance. Every idea that had been brought forward by the housekeeper was favourable to his character. As she stood before the canvas on which he was represented, and fixed his eyes upon herself, she thought of his regard with a deeper sentiment of gratitude than it had ever raised before.

When all of the house that was open to general inspection had been seen, they returned downstairs, and, taking leave of the housekeeper, were consigned over to the gardener, who met them at the hall-door.

As they walked across the lawn towards the river, the owner of it himself suddenly came forward from the road, which led behind it to the stables.

Their eyes instantly met, and the cheeks of both were overspread with the deepest blush. He absolutely started, and for a moment seemed immovable from sur-prise; but shortly recovering himself, advanced towards the party, and spoke to Elizabeth, if not in terms of perfect composure, at least of perfect civility.

She had instinctively turned away; but stopping on his approach, received his compliments with an embarrassment impossible to be overcome. The Gardiners stood a little aloof while he was talking to their niece, who, astonished and confused scarcely dared lift her eyes to his face. Amazed at the alteration of his manner since they last parted, every sentence that he uttered was increasing her embarrassment.

At length every idea seemed to fail him; and, after standing a few moments without saying a word, he suddenly recollected himself, and took leave.

His behaviour, so strikingly altered — what could it mean? That he should even speak to her was amazing! — but to speak with such civility, to inquire after her family! Never in her life had she seen his manners so little dignified, never had he spoken with such gentleness as on this unexpected meeting.

They had now entered a beautiful walk by the side of the water.

Whilst wandering on in this slow manner, they were again surprised, and Elizabeth's astonishment was quite equal to what it had been at first, by the sight of Mr. Darcy approaching them, and at no great distance. The walk being here less sheltered than on the other side, allowed them to see him before they met.

He asked her if she would do him the honour of introducing him to her friends. This was a stroke of civility for which she was quite unprepared.

He entered into conversation with Mr. Gardiner.

The conversation soon turned upon fishing; and she heard Mr. Darcy invite him, with the greatest civility, to fish there as often as he chose while he continued in the neighbourhood, offering at the same time to supply him with fishing tackle.

"Why is he so altered? From what can it proceed? It cannot be for me — it cannot be for my sake that his manners are thus softened. My reproofs at Hunsford could not work such a change as this. It is impossible that he should still love me."

She wished him to know that she had been assured of his absence before she came to the place, and accordingly began by observing, that his arrival had been very unexpected. He acknowledged the truth of it all, and said that business with his steward had occasioned his coming forward a few hours before the rest of the party with whom he had been travelling. "They will join me early to-morrow," he continued, "and among them are some who will claim an acquaintance with you — Mr. Bingley and his sisters."

"There is also one other person in the party," he continued after a pause. "Will you allow me, or do I ask too much, to introduce my sister to your acquaintance during your stay at Lambton?"

The surprise of such an application was great indeed.

They were all pressed to go into the house and take some refreshment; but this was declined, and they parted on each side with utmost politeness.

Chapter 44

They had been walking about the place with some of their new friends, and were just returning to the inn to dress themselves for dining with the same family, when the sound of a carriage drew them to a window, and they saw a gentleman and a lady in a curricle driving up the street.

Miss Darcy and her brother appeared, and this formidable introduction took place. With astonishment did Elizabeth see that her new acquaintance was at least as much embarrassed as herself. Since her being at Lambton, she had heard that Miss Darcy was exceedingly proud; but the observation of a very few minutes convinced her that she was only exceedingly shy. She found it difficult to obtain even a word from her beyond a monosyllable.

When Bingley's quick step was heard on the stairs, and in a moment he entered the room. All Elizabeth's anger against him had been long done away; but had she still felt any, it could hardly have stood its ground against the unaffected cordiality with which he expressed himself on seeing her again. He inquired in a friendly, though general way, after her family, and looked and spoke with the same good-humoured ease that he had ever done.

In seeing Bingley, her thoughts naturally flew to her sister. She could not be deceived as to his behaviour to

Miss Darcy, who had been set up as a rival to Jane. No look appeared on either side that spoke particular regard. Nothing occurred between them that could justify the hopes of his sister. On this point she was soon satisfied.

It was not often that she could turn her eyes on Mr. Darcy himself; but, whenever she did catch a glimpse, she saw an expression of general complaisance, and in all that he said she heard an accent so removed from hauteur or disdain of his companions, as convinced her that the improvement of manners which she had yesterday witnessed however temporary its existence might prove, had at least outlived one day. When she saw him thus seeking the acquaintance and courting the good opinion of people with whom any intercourse a few months ago would have been a disgrace — when she saw him thus civil, not only to herself, but to the very relations whom he had openly disdained, and recollected their last lively scene in Hunsford Parsonage — the difference, the change was so great, and struck so forcibly on her mind, that she could hardly restrain her astonishment from being visible.

Their visitors stayed with them above half-an-hour; and when they arose to depart, Mr. Darcy called on his sister to join him in expressing their wish of seeing Mr. and Mrs. Gardiner, and Miss Bennet, to dinner at Pemberley, before they left the country.

As for Elizabeth, her thoughts were at Pemberley this evening more than the last.

Such a change in a man of so much pride excited not only astonishment but gratitude — for to love, ardent love. She respected, she esteemed, she was grateful to him, she felt a real interest in his welfare; and she only wanted to know how far she wished that welfare to depend upon herself, and how far it would be for the happiness of both that she should employ the power, which her fancy told her she still possessed, of bringing on her the renewal of his addresses.

Chapter 45

On reaching the house, they were shown through the hall into the saloon, whose northern aspect rendered it delightful for summer.

In this house they were received by Miss Darcy, who was sitting there with Mrs. Hurst and Miss Bingley, and the lady with whom she lived in London. Georgiana's reception of them was very civil, but attended with all the embarrassment which, though proceeding from shyness and the fear of doing wrong, would easily give to those who felt themselves inferior the belief of her being proud and reserved.

Elizabeth soon saw that she was herself closely watched by Miss Bingley, and that she could not speak a word, especially to Miss Darcy, without calling her attention. She expected every moment that some of the gentlemen would enter the room. She wished, she feared that the master of the house might be among them. After sitting in this manner a quarter of an hour without hearing Miss Bingley's voice, Elizabeth was roused by receiving from her a cold inquiry after the health of her family. She answered with equal indifference and brevity, and the other said no more.

While thus engaged, Elizabeth had a fair opportunity of deciding whether she most feared or wished for the appearance of Mr. Darcy, by the feelings which prevailed on his entering the room.

No sooner did he appear than Elizabeth wisely resolved to be perfectly easy and unembarrassed; a resolution the more necessary to be made, but perhaps not the more easily kept, because she saw that the suspicions of the whole party were awakened against them. Elizabeth saw that he was anxious for his sister and herself to get acquainted, and forwarded as much as possible, every attempt at conversation on either side. Miss Bingley saw all this likewise; and, in the imprudence of anger, took the first opportunity of saying, with sneering civility:

"Pray, Miss Eliza, are not the — shire Militia removed from Meryton? They must be a great loss to your family."

In Darcy's presence she dared not mention Wickham's name; but Elizabeth instantly comprehended that he was uppermost in her thoughts. While she spoke, an involuntary glance showed her Darcy, with a heightened complexion, earnestly looking at her, and his sister overcome with confusion, and unable to lift up her eyes. Had Miss Bingley known what pain she was then giving her beloved friend, she undoubtedly would have refrained from the hint; but she had merely intended to discompose Elizabeth. Not a syllable had ever reached her of Miss Darcy's meditated elopement. To no creature had it been revealed, except to Elizabeth; and from all Bingley's connections her brother was particularly anxious to conceal it.

Elizabeth's collected behaviour, however, soon quieted his emotion; and as Miss Bingley, vexed and disappointed, dared not approach nearer to Wickham, Georgiana also recovered in time.

Their visit did not continue long after the question and answer above mentioned; and while Mr. Darcy was attending them to their carriage Miss Bingley was venting her feelings in criticisms on Elizabeth's person, behaviour, and dress.

"I must confess that I never could see any beauty in her. When we first knew her in Hertfordshire, how amazed we all were to find that she was a reputed beauty."

"Yes," replied Darcy, who could contain himself no longer, "but that was only when I first saw her, for it is many months since I have considered her as one of the handsomest women of my acquaintance."

He then went away, and Miss Bingley was left to all the satisfaction of having forced him to say what gave no one any pain but herself.

Chapter 46

Elizabeth had been a good deal disappointed in not finding a letter from Jane on their first arrival at Lambton; and this disappointment had been renewed on each of the mornings that had now been spent there; but on the third her repining was over, and her sister justified, by the receipt of two letters from her at once, on one of which was marked that it had been missent elsewhere.

The one missent had been written five days ago. The second half of it, written in evident agitation, gave important intelligence.

"Since writing the above, dearest Lizzy, something has occurred of a most unexpected and serious nature. What I have to say relates to poor Lydia. An express came at twelve last night, just as we were all gone to bed, from Colonel Forster, to inform us that she was gone off to Scotland with one of his officers; to own the truth, with Wickham! Imagine our surprise. Thoughtless and indiscreet I can easily believe him, but this step marks nothing bad at heart. His choice is disinterested at least, for he must know my father can give her nothing."

Elizabeth on finishing this letter instantly seized the other, and opening it with the utmost impatience, read as follows.

"I have bad news for you. Colonel Forster came

yesterday, having left Brighton the day before, not many hours after the express. Though Lydia's short letter to Mrs. F. gave them to understand that they were going to Gretna Green, something was dropped by Denny expressing his belief that W. never intended to go there, or to marry Lydia at all. He feared W. was not a man to be trusted. My poor mother is really ill, and keeps her room. Circumstances are such that I cannot help earnestly begging you all to come here as soon as possible. In such an exigence, my uncle's advice and assistance would be everything in the world; he will immediately comprehend what I must feel, and I rely upon his goodness."

"Oh! where, where is my uncle?" cried Elizabeth, darting from her seat as she finished the letter, in eagerness to follow him, without losing a moment of the time so precious; but as she reached the door it was opened by a servant, and Mr. Darcy appeared. Her pale face and impetuous manner made him start, and before he could recover himself to speak, she, in whose mind every idea was superseded by Lydia's situation, hastily exclaimed, "I beg your pardon, but I must leave you. I must find Mr. Gardiner this moment, on business that cannot be delayed; I have not an instant to lose."

"Good God! what is the matter?" cried he, with more feeling than politeness; then recollecting himself, "I will not detain you a minute; but let me, or let the servant go after Mr. and Mrs. Gardiner."

Calling back the servant, therefore, she commissioned him, though in so breathless an accent as made her almost unintelligible, to fetch his master and mistress home instantly.

On his quitting the room she sat down, unable to support herself. She burst into tears as she alluded to it, and for a few minutes could not speak another word. "I have just had a letter from Jane, with such dreadful news. My younger sister has left all her friends — has eloped; has thrown herself into the power of — of Mr. Wickham. They are gone off together from Brighton. She has no money, no connections, nothing that can tempt him to — she is lost for ever."

Darcy was fixed in astonishment. "When I consider," she added in a yet more agitated voice, "that I might have prevented it! I, who knew what he was. Had I but explained some part of it only — some part of what I learnt, to my own family! Had his character been known, this could not have happened. But it is all — all too late now."

"I am grieved indeed," cried Darcy.

He was walking up and down the room in earnest meditation, his brow contracted, his air gloomy. Elizabeth soon observed, and instantly understood it. Her power was sinking; everything must sink under such a proof of family weakness, such an assurance of the deepest disgrace.

"Would to Heaven that anything could be either said or done on my part that might offer consolation to such distress! But I will not torment you with vain wishes, which may seem purposely to ask for your thanks. This unfortunate affair will, I fear, prevent my sister's having the pleasure of seeing you at Pemberley to-day."

"Oh, yes. Be so kind as to apologise for us to Miss Darcy.

Say that urgent business calls us home immediately. Conceal the unhappy truth as long as it is possible."

He readily assured her of his secrecy.

As he quitted the room, Elizabeth felt how improbable it was that they should ever see each other again on such terms of cordiality; and as she threw a retrospective glance over the whole of their acquaintance, so full of contradictions and varieties, sighed at the perverseness of those feelings which would now have promoted its continuance and would formerly have rejoiced in its termination.

She was wild to be at home. Mr. and Mrs. Gardiner had hurried back in alarm, supposing by the servant's account that their niece was taken suddenly ill. After the first exclamations of surprise and horror, Mr. Gardiner promised every assistance in his power. All three being actuated by one spirit, everything relating to their journey was speedily settled.

Chapter 47

Elizabeth hurried into the vestibule, where Jane, who came running down from her mother's apartment, immediately met her.

Elizabeth, as she affectionately embraced her, whilst tears filled the eyes of both, lost not a moment in asking whether anything had been heard of the fugitives.

"Not yet," replied Jane. "But now that my dear uncle is come, I hope everything will be well."

"Is my father in town?"

"Yes, he went on Tuesday, as I wrote you word."

"And have you heard from him often?"

"We have heard only twice. He merely added that he should not write again till he had something of importance to mention."

"And my mother — how is she? How are you all?"

"My mother is tolerably well, I trust; though her spirits are greatly shaken. She is upstairs and will have great satisfaction in seeing you all."

Mrs. Bennet, after a few minutes' conversation together, received them exctly as might be expected; with tears and lamentations of regret, invectives against the villainous conduct of Wickham, and complaints of her own sufferings and ill-usage; blaming everybody but the person to whose ill-judging indulgence the errors of her daughter must principally be owing.

"If I had been able," said she, "to carry my point in going to Brighton, with all my family, this would not have happened. Why did the Forsters ever let her go out of their sight? Now here's Mr. Bennet gone away, and I know he will fight Wickham, wherever he meets him and then he will be killed. The Collinses will turn us out before he is cold in his grave, and if you are not kind to us, brother, I do not know what we shall do."

Mr. Gardiner, after general assurances of his affection for her and all her family, told her that he meant to be in London the very next day, and would assist Mr. Bennet in every endeavour for recovering Lydia.

"That is exactly what I could most wish for. And now do, when you get to town, find them out, wherever they may be; and if they are not married already, make them marry."

In the afternoon, the two elder Miss Bennets were able to be for half-an-hour by themselves. "But tell me all and everything about it which I have not already heard."

Jane then took it from her pocket-book, and gave it to Elizabeth.

"MY DEAR HARRIET,

"You will laugh when you know where I am gone, and I cannot help laughing myself at your surprise to-morrow morning, as soon as I am missed. I am going to Gretna Green, and if you cannot guess with who, I shall think you a simpleton, for there is but one man in the world I love, and he is an angel. I should never be happy without him, so think it no harm to be off. You need not send them word at Longbourn of my going, if you do not like it, for it will make the surprise the greater, when I write to them and sign my name 'Lydia Wickham.'

"LYDIA BENNET."

"Oh! thoughtless, thoughtless Lydia!" cried Elizabeth when she had finished it. "But at least it shows that she was serious on the subject of their journey. Whatever he might afterwards persuade her to, it was not on her side a scheme of infamy. My poor father! how he must have felt it!"

"I never saw anyone so shocked. He could not speak a word for full ten minutes."

Chapter 48

Mr. Gardiner left Longbourn on Sunday; on Tuesday his wife received a letter from him; it told them that, on his arrival, he had immediately found out his brother, and persuaded him to come to Gracechurch Street.

Every day at Longbourn was now a day of anxiety.

A letter arrived for their father, from a different quarter, from Mr. Collins; which, as Jane had received directions to open all that came for him in his absence, she accordingly read.

"MY DEAR SIR,

"I feel myself called upon, by our relationship, and my situation in life, to condole with you on the grievous affliction you are now suffering under, of which we were yesterday informed by a letter from Hertfordshire. It is the more to be lamented, because there is reason to suppose that this licentiousness of behaviour in your daughter has proceeded from a faulty degree of indulgence. Let me then advise you, dear sir, to console yourself as much as possible, to throw off your unworthy child from your affection for ever, and leave her to reap the fruits of her own heinous offense."

Mr. Gardiner did not write again till he had received an answer from Colonel Forster; and then he had nothing of a pleasant nature to send. It was not known that

Wickham had a single relation with whom he kept up any connection. In the wretched state of his own finances, there was a very powerful motive for secrecy, in addition to his fear of discovery by Lydia's relation, for it had just transpired that he had left gaming debts behind him to a very considerable amount. Colonel Forster believed that more than a thousand pounds would be necessary to clear his expenses at Brighton.

Mr. Gardiner added in his letter, that they might expect to see their father at home on the following day, which was Saturday. When Mrs. Bennet was told of this, she did not express so much satisfaction as her children expected, considering what her anxiety for his life had been before.

"Sure he will not leave London before he has found them. Who is to fight Wickham, and make him marry her, if he comes away?"

When Mr. Bennet arrived, he had all the appearance of his usual philosophic composure. He said as little as he had ever been in the habit of saying; made no mention of the business that had taken him away.

Elizabeth ventured to introduce the subject; and then, on her briefly expressing her sorrow for what he must have endured, he replied, say nothing of that. "It has been my own doing, and I ought to feel it."

"You must not be too severe upon yourself," replied Elizabeth.

"I am not going to run away, papa," said Kitty fretfully. "If I should ever go to Brighton, I would behave better than Lydia."

"You go to Brighton. No, Kitty, I have at last learnt to be

cautious, and you will feel the effects of it. No officer is ever to enter into my house again, nor even to pass through the village. Balls will be absolutely prohibited."

Kitty, who took all these threats in a serious light, began to cry.

Chapter 49

Two days after Mr. Bennet's return, Elizabeth and Jane saw the housekeeper coming towards them.

"Dear madam," cried Mrs. Hill, "there is an express come for master from Mr. Gardiner. Master has had a letter."

Upon this information, they instantly passed through the hall, and ran across the lawn after their father, who was deliberately pursuing his way towards a small wood on one side of the paddock.

"Oh, Papa, what news — what news?"

"I have had a letter from your uncle by express."

"MY DEAR BROTHER,

"Soon after you left me on Saturday, I was fortunate enough to find out in what part of London they were. They are not married, nor can I find there was any intention of being so; but if you are willing to perform the engagements which I have ventured to make on your side, I hope it will not be long before they are. All that is required of you is, to assure to your daughter, by settlement, her equal share of the five thousand pounds secured among your children after the decease of yourself and my sister; and, moreover, to enter into an engagement of allowing her, during your life, one hundred pounds per annum. These are conditions which, considering everything, I had no hesitation in complying with, as far as I thought myself privileged, for you. If, as I conclude will be the case, you send me full powers to act in your name throughout the whole of this business, I will immediately give directions to Haggerston for preparing a proper settlement.

"EDW. GARDINER."

"And may I ask — " said Elizabeth; "but the terms, I suppose, must be complied with."

"Yes, yes, they must marry. There is nothing else to be done. But there are two things that I want very much to know; one is, how much money your uncle has laid down to bring it about; and the other, how am I ever to pay him."

"Money! What do you mean, sir?" cried Jane.

"I mean, that no man in his senses would marry Lydia on so slight a temptation as one hundred a year during my life, and fifty after I am gone."

"Oh! it must be my uncle's doings! Generous, good man, I am afraid he has distressed himself. A small sum could not do all this."

"No, Wickham's a fool if he takes her with a farthing less than ten thousand pounds."

"Ten thousand pounds! Heaven forbid! How is half such a sum to be repaid?"

Mr. Bennet made no answer, and each of them, deep in thought, continued silent till they reached the house. Mary and Kitty were both with Mrs. Bennet: one communication would, therefore, do for all. After a slight preparation for good news, the letter was read aloud. Mrs. Bennet could hardly contain herself. As soon as Jane had read Mr. Gardiner's hope of Lydia's being soon married, her joy burst forth, and every following sentence added to its exuberance. She was now in an irritation as violent from delight, as she had ever been fidgety from alarm and vexation. To know that her daughter would be married was enough.

"My dear, dear Lydia!" she cried. "This is delightful indeed! She will be married! Lizzy, my dear, run down to your father, and ask him how much he will give her. Who should do it but her own uncle? If he had not had a family of his own, I and my children must have had all his money, you know. In a short time I shall have a daughter married. Mrs. Wickham! How well it sounds! And she was only sixteen last June."

Elizabeth took refuge in her own room, that she might think with freedom.

Poor Lydia's situation must, at best, be bad enough; but that it was no worse, she had need to be thankful. In looking back to what they had feared, only two hours ago, she felt all the advantages of what they had gained.

Chapter 50

He was seriously concerned that a cause of so little advantage to anyone should be forwarded at the sole expense of his brother-in-law, and he was determined, if possible, to find out the extent of his assistance, and to discharge the obligation as soon as he could.

Five thousand pounds was settled by marriage articles on Mrs. Bennet and the children. But in what proportions it should be divided amongst the latter depended on the will of the parents. This was one point, with regard to Lydia, at least, which was now to be settled, and Mr. Bennet could have no hesitation in acceding to the proposal before him.

The good news spread quickly through the house, and with proportionate speed through the neighbourhood.

It was a fortnight since Mrs. Bennet had been downstairs; but on this happy day she again took her seat at the head of her table, and in spirits oppressively high. She was busily searching through the neighbourhood for a proper situation for her daughter, and, without knowing or considering what their income might be, rejected many as deficient in size and importance.

Her husband allowed her to talk on without interruption while the servants remained. But when they had withdrawn, he said to her: "Mrs. Bennet, before you take any or all of these houses for your son and daughter, let us come to a right understanding. Into one house in this neighbourhood they shall never have admittance."

He protested that she should receive from him no mark of affection whatever on the occasion. Mrs. Bennet could hardly comprehend it. She was more alive to the disgrace which her want of new clothes must reflect on her daughter's nuptials, than to any sense of shame at her eloping and living with Wickham a fortnight before they took place.

Elizabeth was now most heartily sorry that she had, from the distress of the moment, been led to make Mr. Darcy acquainted with their fears for her sister. At any rate, there seemed a gulf impassable between them. Had Lydia's marriage been concluded on the most hon-ourable terms, it was not to be supposed that Mr. Darcy would connect himself with a family where, to every other objection, would now be added an alliance and relationship of the nearest kind with a man whom he so justly scorned.

She began now to comprehend that he was exactly the man who, in disposition and talents, would most suit her. His understanding and temper, though unlike her own, would have answered all her wishes. It was an union that must have been to the advantage of both; by her ease and liveliness, his mind might have been softened, his manners improved and from his judgement, information, and knowledge of the world, she must have received benefit of greater importance.

Mr. Gardiner soon wrote again to his brother. The principal purport of his letter was to inform them that Mr.

Wickham had resolved on quitting the militia.

"It is Mr. Wickham's intention to join a regular regiment, now quartered in the North, right away, unless they are first invited to Longbourn; and I understand from Mrs. Gardiner, that my niece is very desirous of seeing you all before she leaves the South.

"E. GARDINER."

Mr. Bennet and his daughters saw all the advantages of Wickham's removal from the — shire. But Mrs. Bennet was not so well pleased with it. Lydia's being settled in the North, just when she had expected most pleasure and pride in her company, was a severe disappointment; and, besides, it was such a pity that Lydia should be taken from a regiment where she was acquainted with everybody, and had so many favourites.

His daughter's request, for such it might be considered, of being admitted into her family again before she set off for the North, received at first an absolute negative. But Jane and Elizabeth, who agreed in wishing, for the sake of their sister's feelings and consequence, that she should be noticed on her marriage by her parents, urged him so earnestly yet so rationally and so mildly, to receive her and her husband at Longbourn, as soon as they were married, that he was prevailed on to think as they thought, and act as they wished. And their mother had the satisfaction of knowing that she would be able to show her married daughter in the neighbourhood before she was banished to the North. When Mr. Bennet wrote again to his brother, therefore, he sent his permission for them to come; and it was settled, that as soon as the ceremony was over, they should proceed to Longbourn.

Chapter 51

Their sister's wedding day arrived. The carriage was went to meet them, and they were to return in it by dinner-time.

Smiles decked the face of Mrs. Bennet, as the carriage drove up to the door; her husband looked impenetrably grave; her daughters alarmed, anxious, uneasy.

Lydia's voice was heard in the vestibule; the door was thrown open, and she ran into the room. Her mother stepped forwards, embraced her, and welcomed her with rapture; gave her hand, with an affectionate smile, to Wickham, who followed his lady.

Their reception from Mr. Bennet, to whom they then turned, was not so cordial. His countenance rather gained in austerity; and he scarcely opened his lips. The easy assurance of the young couple, indeed, was enough to provoke him. Elizabeth was disgusted, and even Miss Bennet was shocked. Lydia was Lydia still; untamed, unabashed, wild, noisy, and fearless.

Wickham's manners were always so pleasing, that had his character and his marriage been exactly what they ought, his smiles and his easy address would have delighted them all. Elizabeth had not before believed him quite equal to such assurance.

It was not to be supposed that time would give Lydia

that embarrassment from which she had been so wholly free at first. Her ease and good spirits increased. She longed to see Mrs. Phillips, the Lucases, and all their other neighbours, and to hear herself called "Mrs. Wickham" by each of them.

Wickham's affection for Lydia was just what Elizabeth had expected to find it; not equal to Lydia's for him. She had scarcely needed her present observation to be satisfied, from the reason of things, that their elopement had been brought on by the strength of her love, rather than by his.

One morning, soon after their arrival, as she was sitting with her two elder sisters, she said to Elizabeth:

"Lizzy, I never gave you an account of my wedding, I believe. We were married, you know, at St. Clement's."

"You are to understand, that my uncle and aunt were horrid unpleasant all the time I was with them. If you'll believe me, I did not once put my foot out of doors. So just as the carriage came to the door, my uncle was called away upon business to that horrid man Mr. Stone. I was so frightened I did not know what to do, for my uncle was to give me away. I recollected afterwards that if he had been prevented going, the wedding need not be put off, for Mr. Darcy might have done as well."

"Mr. Darcy!" repeated Elizabeth, in utter amazement.

"Oh, yes! — he was to come there with Wickham, you know. But gracious me! I quite forgot! I ought not to have said a word about it. I promised them so faithfully! What will Wickham say? It was to be such a secret!"

"If it was to be secret," said Jane, "say not another word

on the subject. You may depend upon my seeking no further."

Elizabeth could not bear such suspense; and hastily seizing a sheet of paper, wrote a short letter to her aunt, to request an explanation of what Lydia had dropt.

Chapter 52

She was no sooner in possession of an answer to her letter than, hurrying into the little copse, where she was least likely to be interrupted, she sat down on one of the benches and prepared to be happy; for the length of the letter convinced her that it did not contain a denial.

"Gracechurch street, Sept. 6.

"MY DEAR NIECE,

"On the very day of my coming home from Longbourn, your uncle had a most unexpected visitor. Mr. Darcy called. He came to tell Mr. Gardiner that he had found out where your sister and Mr. Wickham were, and that he had seen and talked with them both. He left Derbyshire only one day after ourselves, and came to town with the resolution of hunting for them. The motive professed was his conviction of its being owing to himself that Wickham's worthlessness had not been so well known as to make it impossible for any young woman of character to love or confide in him. He generously imputed the whole to his mistaken pride, and confessed that he had before thought it beneath him to lay his private actions open to the world.

"There is a lady, it seems, a Mrs. Younge, who was some time ago governess to Miss Darcy, and was dismissed from her charge on some cause of disapprobation, though he did not say what. This Mrs. Younge was, he knew, intimately acquainted with Wickham. She would not betray her trust, I suppose, without bribery and corruption. He saw Wickham, and afterwards insisted on seeing Lydia. His first object with her, he acknowledged, had been to persuade her to quit her present disgraceful situation, and return to her friends. But he found Lydia absolutely resolved on remaining where she was. She would not hear of leaving Wickham. She was sure they should be married some time or other. Since such were her feelings, it only remained, he thought, to secure and expedite a marriage, which, in his very first conversation with Wickham, he easily learnt had never been his design. He confessed himself obliged to leave the regiment, on account of some debts of honour, which were very pressing; and scrupled not to lay all the ill-consequences of Lydia's flight on her own folly alone.

"He found that Wickham still cherished the hope of more effectually making his fortune by marriage in some other country.

"Wickham of course wanted more than he could get; but at length was reduced to be reasonable.

"Mr. Darcy's next step was to make your uncle acquainted with it.

"Lizzy, this must go no farther than yourself, or Jane at most.

"You know pretty well, I suppose, what has been done for the young people. His debts are to be paid, amounting, I believe, to considerably more than a thousand pounds, another thousand in addition to her own settled upon her, and his commission purchased.

"When all this was resolved on, he returned again to his friends, who were still staying at Pemberley; but it was agreed that he should be in London once more when the wedding took place, and all money matters were then to receive the last finish.

"His understanding and opinions all please me; he wants nothing but a little more liveliness, and that, if he marry prudently, his wife may teach him. I thought him very sly; — he hardly ever mentioned your name. But slyness seems the fashion.

"Pray forgive me if I have been very presuming.

"M. GARDINER."

The contents of this letter threw Elizabeth into a flutter of spirits, in which it was difficult to determine whether pleasure or pain bore the greatest share. He had followed them purposely to town, he had taken on himself all the troubled and mortification attendant on such a research; in which supplication had been necessary to a woman whom he must abominate and despise, and where he was reduced to meet, frequently meet, reason with, persuade, and finally bribe, the man whom he always most wished to avoid, and whose very name it was punishment to him to pronounce. He had done all this for a girl. Her heart did whisper that he ha done it for her. But it was a hope shortly checked by other considerations. Brother-in-law of Wickham! Every kind of pride must revolt from the connection. He had, to be sure, done much. She was ashamed to think how much. But he had given a reason for his interference, which asked no extraordinary stretch of belief. It was reasonable that he should feel he had been wrong; he had liberality, and he had the means of exercising it; and though she would not place herself as his principal inducement, she could, perhaps, believe that remaining partiality for her might assist his endeavours in a cause where her peace of mind must be materially concerned.

She was roused from her seat, and her reflections, by some one's approach; and before she could strike into another path, she was overtaken by Wickham.

"I should be sorry indeed if interrupted your solitary ramble, my dear sister. We were always good friends; and now we are better."

"True. Are the others coming out?"

"I do not know. Mrs. Bennet and Lydia are going in the carriage to Meryton. And so, my dear sister, I find, from our uncle and aunt, that you have actually seen Pemberley."

She replied in the affirmative.

"Did you see him while you were at Lambton? I thought I understood from the Gardiners that you had."

"Yes; he introduced us to his sister."

"And do you like her?"

"Very much."

"Did you go by the village of Kympton?"

"I do not recollect that we did."

"I mention it, because it is the living which I ought to have had."

"How should you have liked making sermons?"

"Exceedingly well. I should have considered it as part of my duty. Did you ever hear Darcy mention the circumstance, when you were in Kent?"

"I have heard, from authority, which I thought as good, that it was left you conditionally only, and at the will of the present patron."

"You have. Yes, there was something in that; I told you so from the first, you may remember."

Unwillingly for her sister's sake, to provoke him, she only said in reply, with a good-humoured smile:

"Come, Mr. Wickham, we are brother and sister, you know. Do not let us quarrel about the past. In future, I hope we shall be always of one mind."

She held out her hand; he kissed it with affectionate gallantry, though he hardly knew how to look, and they entered the house.

Chapter 53

The day of his and Lydia's departure soon came.

"He is as fine a fellow," said Mr. Bennet, as soon as they were out of the house, "as ever I saw. He simpers, and smirks, and makes love to us all. I am prodigiously proud of him."

The loss of her daughter made Mrs. Bennet very dull for several days.

But the spiritless condition which this event threw her into was shortly relieved, and her mind opened again to the agitation of hope, by an article of news which then began to be in circulation. The housekeeper at Netherfield had received orders to prepare for the arrival of her master.

"Well, well, and so Mr. Bingley is coming down, sister," (for Mrs. Phillips first brought her the news). "Well, so much the better. Not that I care about it, though. He is nothing to us, you know, and I am sure I never want to see him again."

Miss Bennet had not been able to hear of his coming without changing colour. It was many months since she had mentioned his name to Elizabeth; but now, as soon as they were alone together, she said:

"I do assure you that the news does not affect me either with pleasure or pain. I am glad of one thing, that he comes alone; because we shall see the less of him. Not that I am afraid of myself, but I dread other people's remarks."

In the expectation of his arrival, Elizabeth could easily perceive that her spirits were affected by it. They were more disturbed, more unequal, than she had often seen them.

Mr. Bingley arrived. She counted the days that must intervene before their invitation could be sent. On the third morning after his arrival in Hertfordshire, she saw him, from her dressing-room window, enter the paddock and ride towards the house.

Her daughters were eagerly called to partake of her joy. Jane resolutely kept her place at the table; but Elizabeth, to satisfy her mother, went to the window — she looked, — she saw Mr. Darcy with him, and sat down again by her sister.

She sat intently at work, striving to be composed, and without daring to lift up her eyes, till anxious curiosity carried them to the face of her sister. On the gentlemen's appearing, her colour increased; yet she received them with tolerable ease, and with a propriety of behaviour equally free from any symptom of resentment or any unnecessary complaisance.

Elizabeth said as little to either as civility would allow, and sat down again to her work, with an eagerness which it did not often command. She had ventured only one glance at Darcy. He looked serious.

Bingley, she had likewise seen for an instant, and in that short period saw him looking both pleased and embarrassed. He was received by Mrs. Bennet with a degree of civility which made her two daughters ashamed, especially when contrasted with the cold and ceremonious politeness of her curtsey and address to his friend.

Elizabeth, particularly, who knew that her mother owed to the latter the preservation of her favourite daughter from irremediable infamy, was hurt and distressed to a most painful degree by a distinction so ill applied.

Chapter 54

As soon as they were gone, Elizabeth walked out to recover her spirits; Mr. Darcy's behaviour astonished and vexed her.

"Why, if he came only to be silent, grave, and indifferent," said she, "did he come at all? Teasing, teasing man! I will think no more about him."

Her resolution was for a short time involuntarily kept by the approach of her sister, who joined her with a cheerful look, which showed her better satisfied with their visitors than Elizabeth.

"Now," said she, "that this first meeting is over, I feel perfectly easy. I know my own strength, and I shall never be embarrassed again by his coming."

"I think you are in very great danger of making him as much in love with you as ever."

They did not see the gentlemen again till Tuesday.

The two who were most anxiously expected, were in very good time. When they repaired to the dining-room, Elizabeth eagerly watched to see whether Bingley would take the place, which, in all their former parties, had belonged to him, by her sister. On entering the room, he seemed to hesitate; but Jane happened to look round, and happened to smile: it was decided. He placed himself by her.

His behaviour to her sister was such, during dinner time, as showed an admiration of her, which, though more guarded than formerly, persuaded Elizabeth, that if left wholly to himself, Jane's happiness, and his own, would be speedily secured. Mr. Darcy was almost as far from her as the table could divide them. He was on one side of her mother. She was not near enough to hear any of their discourse, but she could see how seldom they spoke to each other, and how formal and cold was their manner whenever they did. Her mother's ungraciousness made the sense of what they owed him more painful to Elizabeth's mind.

She was in hopes that the evening would afford some opportunity of bringing them together.

"If he does not come to me, then," said she, "I shall give him up for ever."

But, alas! the ladies had crowded round the table, where Miss Bennet was making tea, and Elizabeth pouring out the coffee, in so close a confederacy that there was not a single vacancy near her which would admit of a chair.

She was a little revived, however, by his bringing back his coffee cup himself; and she seized the opportunity of saying:

"Is your sister at Pemberley still?"

"Yes, she will remain there till Christmas."

"And quite alone? Have all her friends left her?"

"Mrs. Annesley is with her. The others have been gone on to Scarborough, these three weeks."

She could think of nothing more to say; but if he wished to converse with her, he might have better success. He stood by her, however, for some minutes, in silence; and, at last, on the young lady's whispering to Elizabeth again, he walked away.

They were confined for the evening at different tables, and she had nothing to hope.

Chapter 55

A few days after this visit, Mr. Bingley called again, and alone. His friend had left him that morning for London, but was to return home in ten days' time. He sat with them above an hour, and was in remarkably good spirits.

Before he went away, an engagement was formed, chiefly through his own and Mrs. Bennet's means, for his coming next morning to shoot with her husband.

Bingley was punctual to his appointment; and he and Mr. Bennet spent the morning together, as had been agreed on. Bingley of course returned with him to dinner; and in the evening Mrs. Bennet's invention was again at work to get everybody away from him and her daughter. Elizabeth, who had a letter to write, went into the breakfast room for that purpose soon after tea.

But on returning to the drawing-room when her letter was finished, she saw, to her infinite surprise, there was reason to fear that her mother had been too ingenious for her. On opening the door, she perceived her sister and Bingley standing together over the hearth, as if engaged in earnest conversation; and had this led to no suspicion, the faces of both, as they hastily turned round and moved away from each other, would have told it all. Their situation was awkward enough. Elizabeth was on the point of going away again, when Bingley, who as well as the other had sat down, suddenly rose, and whispering a few words to her sister, ran out of the room.

Jane could have no reserves from Elizabeth, where confidence would give pleasure; and instantly embracing her, acknowledged, with the liveliest emotion, that she was the happiest creature in the world.

Elizabeth's congratulations were given with a sincerity, a warmth, a delight, which words could but poorly express.

It was an evening of no common delight to them all; the satisfaction of Miss Bennet's mind gave a glow of such sweet animation to her face. Mrs. Bennet could not give her consent or speak her approbation in terms warm enough to satisfy her feelings.

Bingley, from this time, was of course a daily visitor at Longbourn; coming frequently before breakfast, and always remaining till after supper.

"He has made me so happy," said she, one evening, "by telling me that he was totally ignorant of my being in town last spring! I had not believed it possible."

"I suspected as much," replied Elizabeth.

"Would you believe it, Lizzy, that when he went to town last November, he really loved me, and nothing but a persuasion of my being indifferent would have prevented his coming down again!"

Elizabeth was pleased to find that he had not betrayed the interference of his friend.

The situation of affairs in the Longbourn family could not be long a secret. Mrs. Bennet was privileged to whisper it to Mrs. Phillips, and she ventured, without any permission, to do the same by all her neighbours in

Meryton.

The Bennets were speedily pronounced to be the luckiest family in the world, though only a few weeks before, when Lydia had first run away, they had been generally proved to be marked out for misfortune.

Chapter 56

One morning, about a week after Bingley's engagement with Jane had been formed, as he and the females of the family were sitting together in the dining-room their attention was suddenly drawn to the window by the sound of a carriage. They perceived a chaise and four driving up the lawn. Till the door was thrown open and their visitor entered. It was Lady Catherine de Bourgh.

She entered the room with an air more than usually ungracious, made no other reply to Elizabeth's salutation than a slight inclination of the head, and sat down without saying a word. Elizabeth had mentioned her name to her mother on her ladyship's entrance, though no request of introduction had been made.

Mrs. Bennet, all amazement, though flattered by having a guest of such high importance, received her with the utmost politeness. After sitting for a moment in silence, she said very stiffly to Elizabeth.

"I hope you are well, Miss Bennet. That lady, I suppose, is your mother?"

Elizabeth replied very concisely that she was.

Elizabeth now expected that she would produce a letter for her from Charlotte, as it seemed the only probable motive for her calling. But no letter appeared, and she was completely puzzled.

"Miss Bennet, there seemed to be a prettyish kind of a little wilderness on one side of your lawn. I should be glad to take a turn in it, if you will favour me with your company."

As soon as they entered the copse, Lady Catherine began in the following manner: —

"You can be at no loss, Miss Bennet, to understand the reason of my journey hither. Your own heart, your own conscience, must tell you why I come."

Elizabeth looked with unaffected astonishment.

"Indeed you are mistaken, madam; I have not been at all able to account for the honor of seeing you here."

"A report of a most alarming nature reached me two days ago. I was told that not only your sister was on the point of being most advantageously married, but that you, that Miss Elizabeth Bennet, would, in all likelihood, be soon afterwards united to my nephew, my own nephew, Mr. Darcy. Though I know it must be a scandalous falsehood, though I would not injure him so much as to suppose the truth of it possible, I instantly resolved on setting off for this place, that I might make my sentiments known to you."

"If you believed it impossible to be true," said Elizabeth, colouring with astonishment and disdain, "I wonder you took the trouble of coming so far. What could your ladyship propose by it?"

"At once to insist upon having such a report universally contradicted."

"Your coming to Longbourn, to see me and my family," said Elizabeth coolly, "will be rather a confirmation of it, if, indeed, such a report is in existence."

"If! Do you not know that such a report is spread abroad?"

"I never heard that it was."

"And can you likewise declare, that there is no foundation for it?"

"I do not pretend to possess equal frankness with your ladyship. You may ask questions which I shall not choose to answer."

"This is not to be borne. Miss Bennet, I insist on being satisfied. Has he, has my nephew, made you an offer of marriage?"

"Your ladyship has declared it to be impossible."

"It ought to be so. Let me be rightly understood. This match, to which you have the presumption to aspire, can never take place. No, never. Mr. Darcy is engaged to my daughter. Now what have you to say?"

"Only this; that if he is so, you can have no reason to suppose he will make an offer to me."

Lady Catherine hesitated for a moment, and then replied:

"The engagement between them is of a peculiar kind. From their infancy, they have been intended for each other."

"My daughter and my nephew are formed for each other. They are descended, on the maternal side, from the same noble line; and, on the father's, from respectable, honourable, and ancient — though untitled — families. Their fortune on both sides is splendid. They are destined for each other by the voice of every member of their respective houses; and what is to divide them? The upstart pretensions of a young woman without family, connections, or fortune. Is this to be endured! But it must not, shall not be. If you were sensible of your own good, your would not wish to quit the sphere in which you have been brought up."

"He is a gentleman; I am a gentleman's daughter; so far we are equal."

"True. You are a gentleman's daughter. But who was your mother? Who are your uncles and aunts? Do not imagine me ignorant of their condition."

"Whatever my connections may be," said Elizabeth, "if your nephew does not object to them, they can be nothing to you."

"Tell me once for all, are you engaged to him?"

"I am not."

Lady Catherine seemed pleased.

"And will you promise me never to enter into such an engagement?"

"I will make no promise of the kind."

"Miss Bennet I am shocked and astonished. I expected to find a more reasonable young woman. But do not deceive yourself into a belief that I will ever recede. I shall not go away till you have given me the assurance I require."

"And I certainly never shall give it. Supposing him to be attached to me, would my refusing to accept his hand make him wish to bestow it on his cousin? Allow me to say, Lady Catherine, that the arguments with which you have supported this extraordinary application have been as frivolous as the application was ill-judged. I must beg, therefore, to be importuned no farther on the subject."

"I am no stranger to the particulars of your youngest sister's infamous elopement. I know it all; that the young man's marrying her was a patched-up business, at the expence of your father and uncles. And is such a girl to be my nephew's sister? Heaven and earth! — of what are you thinking? Are the shades of Pemberley to be thus polluted?"

"You can now have nothing further to say," she resentfully answered. "You have insulted me in every possible method. I must beg to return to the house."

And she rose as she spoke. Lady Catherine rose also, and they turned back. Her ladyship was highly incensed.

"You are then resolved to have him?"

"I have said no such thing. I am only resolved to act in that manner, which will, in my own opinion, constitute my happiness, without reference to you, or to any person so wholly unconnected with me."

"You refuse, then, to oblige me. You refuse to obey the claims of duty, honour, and gratitude. You are determined to ruin him in the opinion of all his friends, and make him the contempt of the world."

"No principle of either would be violated by my marriage with Mr. Darcy."

"And this is your real opinion! Do not imagine, Miss Bennet, that your ambition will ever be gratified. I came to try you. I hoped to find you reasonable; but, depend upon it, I will carry my point."

In this manner Lady Catherine talked on, till they were at the door of the carriage, when, turning hastily round, she added, "I take no leave of you, Miss Bennet. I send no compliments to your mother. You deserve no such attention. I am most seriously displeased."

Elizabeth made no answer, and, without attempting to persuade her ladyship to return into the house, walked quietly into it herself. Her mother impatiently met her at the door of the dressing-room, to ask why Lady Catherine would not come in again and rest herself.

"She did not choose it," said her daughter.

"She is a very fine-looking woman! and her calling here was prodigiously civil! for she only came, I suppose, to tell us the Collinses were well. She is on her road somewhere, I dare say, and so, passing through Meryton, thought she might as well call on you."

Elizabeth was forced to give into a little falsehood here; for to acknowledge the substance of their conversation was impossible.

Chapter 57

The discomposure of spirits which this extraordinary visit threw Elizabeth into, could not be easily overcome. Lady Catherine, it appeared, had actually taken the trouble of this journey from Rosings for the sole purpose of braking of her supposed engagement with Mr. Darcy. It was a rational scheme, to be sure! but from what the report of their engagement could originate, Elizabeth was at a loss to imagine; till she recollected that his being the intimate friend of Bingley, and her being the sister of Jane, was enough, at a time when the expectation of one wedding made everybody eager for another, to supply the idea.

In revolving Lady Catherine's expressions, however, she could not help feeling some uneasiness as to the possible consequence of her persisting in this interference. From what she had said of her resolution to prevent their marriage, it occurred to Elizabeth that she must meditate an application to her nephew; and how he might take a similar representation of the evils attached to a connection with her, she dared not pronounce. It was certain that, in enumerating the miseries of a marriage with one whose immediate connections were so unequal to his own, his aunt would address him on his weakest side. With his notions of dignity, he would probably feel that the arguments, which to Elizabeth had appeared weak and ridiculous, contained much good sense and solid reasoning.

In that case, he would return no more. Lady Catherine might see him in her way through town; and his engagement to Bingley of coming again to Netherfield must give way.

The next morning, as she was going downstairs, she was met by her father, who came out of his library with a letter in his hand.

"Lizzy," said he, "I was going to look for you; come into my room. I have received a letter this morning that has astonished me exceedingly. As it principally concerns yourself, you ought to know its contents. This letter is from Mr. Collins."

"From Mr. Collins! and what can he have to say?"

"Something very much to the purpose, of course. He begins with congratulations on the approaching nuptials of my eldest daughter. What relates to yourself, is as follows: 'Your daughter Elizabeth, it is presumed, will not long bear the name of Bennet, after her elder sister has resigned it, and the chosen partner of her fate may be reasonably looked up to as one of the most illustrious personages in this land.'

'Let me warn my cousin Elizabeth, and yourself, of what evils you may incur by a precipitate closure with this gentleman's proposals, which, of course, you will be inclined to take immediate advantage of.'

"'My motive for cautioning you is as follows: we have reason to imagine that his aunt, Lady Catherine de Bourgh, does not look on the match with a friendly eye.'

"Oh!" cried Elizabeth, "I am excessively diverted. But it is so strange!"

"Yes — that is what makes it amusing. His perfect indifference, and your pointed dislike, make it so delightfully absurd! And pray, Lizzy, what said Lady Catherine about this report? Did she call to refuse her consent?"

To this question his daughter replied only with a laugh. Her father had most cruelly mortified her, by what he said of Mr. Darcy's indifference, and she could do nothing but wonder at such a want of penetration, or fear that, perhaps, instead of his seeing too little, she might have fancied too much.

Chapter 58

Instead of receiving any such letter of excuse from his friend, as Elizabeth half expected Mr. Bingley to do, he was able to bring Darcy with him to Longbourn before many days had passed after Lady Catherine's visit. Bingley proposed their all walking out. It was agreed to. Bingley and Jane, however, soon allowed the others to outstrip them. They lagged behind, while Elizabeth, Kitty, and Darcy were to entertain each other.

Kitty wished to call upon Maria when Kitty left them she went boldly on with him alone. Now was the moment for her resolution to be executed, and, while her courage was high, she immediately said:

"Mr. Darcy, I am a very selfish creature; and, for the sake of giving relief to my own feelings, care not how much I may be wounding yours. I can no longer help thanking you for your unexampled kindness to my poor sister. Ever since I have known it, I have been most anxious to acknowledge to you how gratefully I feel it. Let me thank you again and again, in the name of all my family, for that generous compassion."

"If you will thank me," he replied, "let it be for yourself alone. That the wish of giving happiness to you might add force to the other inducements which led me on, I shall not attempt to deny. But your family owe me nothing. Much as

I respect them, I believe I thought only of you."

Elizabeth was too much embarrassed to say a word. After a short pause, her companion added, "If your feelings are still what they were last April, tell me so at once. My affections and wishes are unchanged, but one word from you will silence me on this subject for ever."

Had Elizabeth been able to encounter his eye, she might have seen how well the expression of heartfelt delight, diffused over his face, became him; but, though she could not look, she could listen, and he told her of feeling which, in proving of what importance she was to him, made his affection every moment more valuable.

"It taught me to hope," said he, "as I had scarcely ever allowed myself to hope before. I knew enough of your disposition to be certain that, had you been absolutely, irrevocably decided against me, you would have acknowledged it to Lady Catherine, frankly and openly."

Elizabeth coloured and laughed as she replied, "Yes, you know enough of my frankness to believe me capable of that. After abusing you so abominably to your face, I could have no scruple in abusing you to all your relations."

"What did you say of me, that I did not deserve? For, though your accusations were ill-founded, formed on mistaken premises, my behaviour to you at the time had merited the severest reproof. It was unpardonable. The recollection of what I then said, of my conduct, my manners, my expressions during the whole of it, is now, and has been many months, inexpressibly painful to me. Your reproof, so well applied, I shall never forget: 'had you behaved in a more gentlemanlike manner.' Those were your words. You know not, you can scarcely conceive, how they have tortured me; — though it was some time, I confess, before I was reasonable enough to allow their justice."

"Oh! do not repeat what I then said. These recollections will not do at all. I assure you that I have long been most heartily ashamed of it."

Darcy mentioned his letter. "Did it," said he, "did it soon make you think better of me? Did you, on reading it, give any credit to its contents?"

She explained what its effect on her had been, and how gradually all her former prejudices had been removed.

"I have been a selfish being all my life, in practice, though not in principle. As a child I was taught what was right, but I was not taught to correct my temper. I was given good principles, but left to follow them in pride and conceit. Such I was, from eight to eight-andtwenty; and such I might still have been but for you, dearest, loveliest Elizabeth! What do I not owe you! You taught me a lesson, hard indeed at first, but most advantageous. By you, I was properly humbled. I came to you without a doubt of my reception. You showed me how insufficient were all my pretensions to please a woman worthy of being pleased."

"How you must have hated me after that evening?"

"Hate you! I was angry perhaps at first, but my anger soon began to take a proper direction."

"I am almost afraid of asking what you thought of me, when we met at Pemberley. You blamed me for coming?"

"My object then," replied Darcy, "was to show you, by every civility in my power, that I was not so mean as to resent the past; and I hoped to obtain your forgiveness, to lessen your ill opinion, by letting you see that your reproofs had been attended to."

After walking several miles in a leisurely manner, and too busy to know anything about it, they found at last, on examining their watches, that it was time to be at home.

"What could become of Mr. Bingley and Jane!" was a wonder which introduced the discussion of their affairs. Darcy was delighted with their engagement.

"On the evening before my going to London," said he, "I made a confession to him, which I believe I ought to have made long ago. I told him that I believed myself mistaken in supposing, as I had done, that your sister was indifferent to him; and as I could easily perceive that his attachment to her was unabated, I felt no doubt of their happiness together. I could not allow myself to conceal that your sister had been in town three months last winter, that I had known it, and purposely kept it from him. He was angry. But his anger, I am persuaded, lasted no longer than he remained in any doubt of your sister's sentiments. He has heartily forgiven me now."

Elizabeth longed to observe that Mr. Bingley had been a most delightful friend; so easily guided, that his worth was invaluable; but she checked herself. She remembered that he had get to learn to be laughted at, and it was rather too early to begin. In anticipating the happiness of Bingley, which of course was to be inferior only to his own, he continued the conversation till they reached the house. In the hall they parted.

Chapter 59

My dear Lizzy, where can you have been walking to?" was a question which Elizabeth received from Jane as soon as she entered their room, and from all the others when they sat down to table. She had only to say in reply, that they had wandered about till she was beyond her own knowledge.

At night she opened her heart to Jane.

"You are joking, Lizzy. This cannot be! — engaged to Mr. Darcy! No, no, you shall not deceive me. I know it to be impossible."

"I am in earnest. I speak nothing but the truth. He still loves me, and we are engaged."

"My dear, dear Lizzy, I would — I do congratulate you."

"I want to talk very seriously. Let me know everything that I am to know, without delay. Will you tell me how long you have loved him?"

"It has been coming on so gradually, that I hardly know when it began. But I believe I must date it from my first seeing his beautiful grounds at Pemberley."

Another entreaty that she would be serious, however, produced the desired effect, and she soon satisfied Jane by her solemn assurances of attachment. When convinced on that article, Miss Bennet had nothing further to wish.

"Now I am quite happy," said she, "for you will be as

happy as myself. I must always have esteemed him; but now, as Bingley's friend and your husband, there can be only Bingley and yourself more dear to me."

Now she would no longer conceal from her his share in Lydia's marriage. All was acknowledged, and half the night spent in conversation.

"Good gracious!" cried Mrs. Bennet, as she stood at a window the next morning, "if that disagreeable Mr. Darcy is not coming here again with our dear Bingley! What can he mean by being so tiresome as to be always coming here? Lizzy, you must walk out with him again, that he may not be in Bingley's way."

Elizabeth could hardly help laughing at so convenient a proposal.

Darcy professed a great curiosity to see the view from the Mount, and Elizabeth silently consented.

During their walk, it was resolved that Mr. Bennet's consent should be asked in the course of the evening.

In the evening, soon after Mr. Bennet withdrew to the library, she saw Mr. Darcy rise also and follow him, and her agitation on seeing it was extreme. She sat in misery till Mr. Darcy appeared again. He approached; and said in a whisper, "Go to your father, he wants you in the library." She was gone directly.

"Lizzy," said he, "what are you doing? Are you out of your senses, to be accepting this man? Have not you always hated him?"

She assured him, with some confusion, of her attachment to Mr. Darcy.

"Or, in other words, you are determined to have him. He

is rich, to be sure. But will it make you happy?"

Elizabeth was earnest and solemn in her reply; and at length, by repeated assurances that Mr. Darcy was really the object of her choice, by explaining the gradual change which her estimation of him had undergone, relating her absolute certainty that his affection was not the work of a day, but had stood the test of many months' suspense, and enumerating with energy all his good qualities.

He then recollected her embarrassment a few days before, on his reading Mr. Collins's letter; and after laughing at her some time, allowed her at last to go — saying, as she quitted the room, "If any young men come for Mary or Kitty, send them in, for I am quite at leisure."

When her mother went up to her dressing-room at night, she followed her, and made the important communication.

"Good gracious! Lord bless me! only think! dear me! Mr. Darcy! Who would have thought it! Oh! my sweetest Lizzy! how rich and how great you will be! I am so pleased — so happy. A house in town! Ten thousand a year!"

This was enough to prove that her approbation need not be doubted: and Elizabeth, rejoicing that such an effusion was heard only by herself, soon went away.

Chapter 60

Elizabeth's spirits soon rising to playfulness again, she wanted Mr. Darcy to account for his having ever fallen in love with her.

"My beauty you had early withstood, and as for my manners — my behaviour to you was at least always bordering on the uncivil. Did you admire me for my impertinence?"

"For the liveliness of your mind, I did."

"You were disgusted with the women who were always speaking, and looking, and thinking for your approbation alone. I roused, and interested you, because I was so unlike them. Had you not been really amiable, you would have hated me for it."

"Shall you ever have courage to announce to Lady Catherine what is to befall her?"

"I am more likely to want more time than courage, Elizabeth. But it ought to be done, and if you will give me a sheet of paper, it shall be done directly."

"And if I had not a letter to write myself, I might sit by you and admire the evenness of your writing, as another young lady once did. But I have an aunt, too, who must not be longer neglected."

Chapter 61

Happy for all her maternal feelings was the day on which Mrs. Bennet got rid of her two most deserving daughters. With what delighted pride she afterwards visited Mrs. Bingley, and talked of Mrs. Darcy, may be guessed.

Mr. Bingley and Jane remained at Netherfield only a twelve-month. He bought an estate in a neighbouring county to Derbyshire, and Jane and Elizabeth, in addition to every other source of happiness, were within thirty miles of each other.

Kitty, to her very material advantage, spent the chief of her time with her two elder sisters. In society so superior to what she had generally known, her improvement was great.

As for Wickham and Lydia, their characters suffered no revolution from the marriage of her sisters.

They were always moving from place to place in quest of a cheap situation, and always spending more than they ought. His affection for her soon sunk into indifference; hers lasted a little longer.

Though Darcy could never receive him at Pemberley, yet, for Elizabeth's sake, he assisted him further in his profession.

Pemberley was now Georgiana's home; and the attachment of the sisters was exactly what Darcy had hoped to see. They were able to love each other even as well as they intended. Georgiana had the highest opinion in the world of Elizabeth.

Lady Catherine was extremely indignant on the marriage of her nephew; and as she gave way to all the genuine frankness of her character in her reply to the letter which announced its arrangement, she sent him language so very abusive, especially of Elizabeth, that for some time all intercourse was at an end. But at length, by Elizabeth's persuasion, he was prevailed on to overlook the offence, and seek a reconciliation.

With the Gardiners, they were always on the most intimate terms. Darcy, as well as Elizabeth, really loved them; and they were both ever sensible of the warmest gratitude towards the persons who, by bringing her into Derbyshire, had been the means of uniting them.

오만과 편견

PRIDE AND
PREJUDICE

제1부 _ 7

제2부 _ 53

제3부 _ 119

「오만과 편견」은 영국의 여류 작가 제인 오스틴이 쓴 소설로 처음 완성되었을 때 제목은 「첫인상」이었지만 이 제목으로는 출판되지 않았다가, 1813년 현재 제목으로 출판되어 그 후 영국의 가장 훌륭한 문학작품 중 하나로 사랑받고 있다. 이 소설은 주인공인 엘리자베스 베넷의 시선에 따라 19세기 초 영국 계층 간의 사회적 윤리와 가치를 보여주고 있다.

엘리자베스는 런던 주변의 허트포드셔의 롱본에 사는 베넷 가의 다섯 자매 중 둘째로 태어났다. 이야기는 마을의 대저택 네더필드에 새로운 세입자인 빙리 가(家)와 그의 친구 다아시가 이사 오면서부터 시작된다. 그들은 부유한 귀족 출신 청년들로 베넷 가 뿐 아니라 딸을 가진 마을 사람들의 관심을 받는다.

댄스파티에서 빙리는 베넷 가의 첫째 딸인 제인을 사랑하게 되지만 내성적인 제인은 자신의 마음을 숨긴다. 한편 빙리의 친구인 다아시는 활달하고 재치가 넘치는 엘리자베스에게 끌리지만 그녀는 남을 신경 쓰지 않고 격식을 싫어하는 다아시에게 '오만'하다는 '편견'을 갖게 되어 그의 청혼을 거절한다. 그러나 다아시가 여러 사건을 나서지 않고 사려 깊게 도와주면서 엘리자베스는 자신이 다아시에게 갖고 있던 '편견'이 결국은 몇 번의 만남으로 사람을 판단하는 자신의 '오만'임을 깨우치게 된다.

■ 등장인물

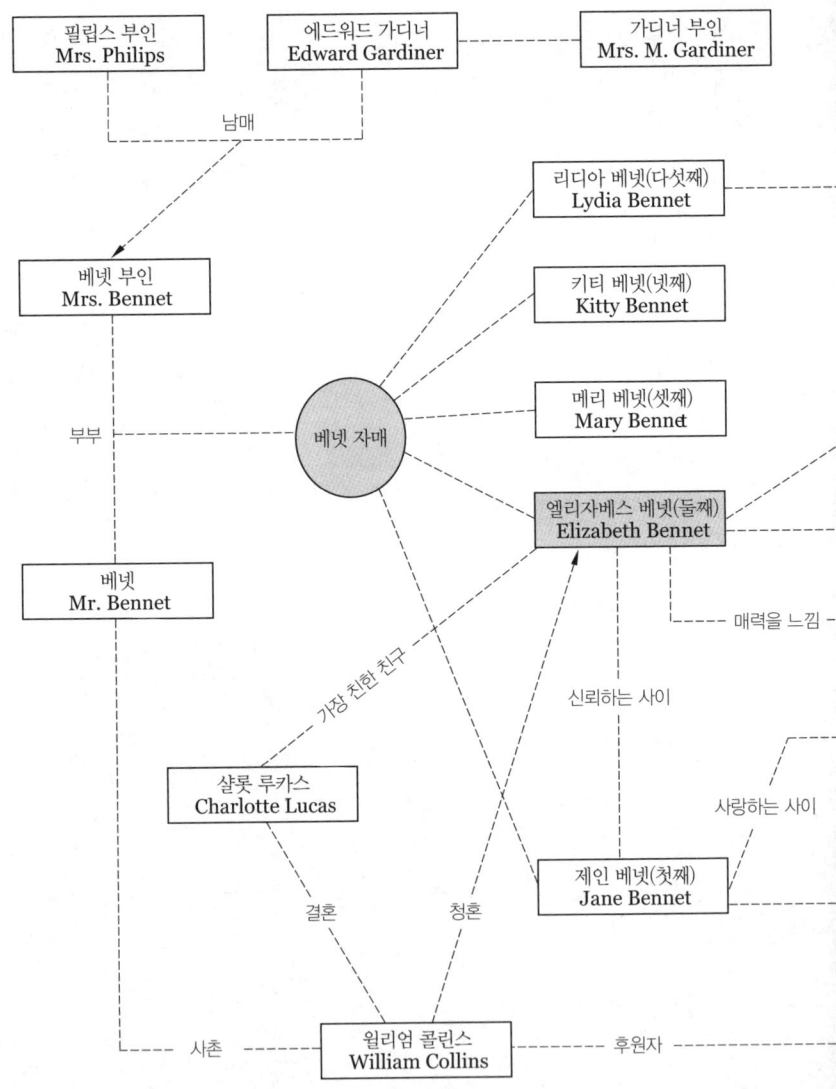

필립스 부인
Mrs. Philips

에드워드 가디너
Edward Gardiner

가디너 부인
Mrs. M. Gardiner

남매

리디아 베넷(다섯째)
Lydia Bennet

키티 베넷(넷째)
Kitty Bennet

베넷 부인
Mrs. Bennet

메리 베넷(셋째)
Mary Bennet

베넷 자매

엘리자베스 베넷(둘째)
Elizabeth Bennet

부부

매력을 느낌

베넷
Mr. Bennet

신뢰하는 사이

가장 친한 친구

샬롯 루카스
Charlotte Lucas

사랑하는 사이

제인 베넷(첫째)
Jane Bennet

결혼

청혼

사촌

윌리엄 콜린스
William Collins

후원자

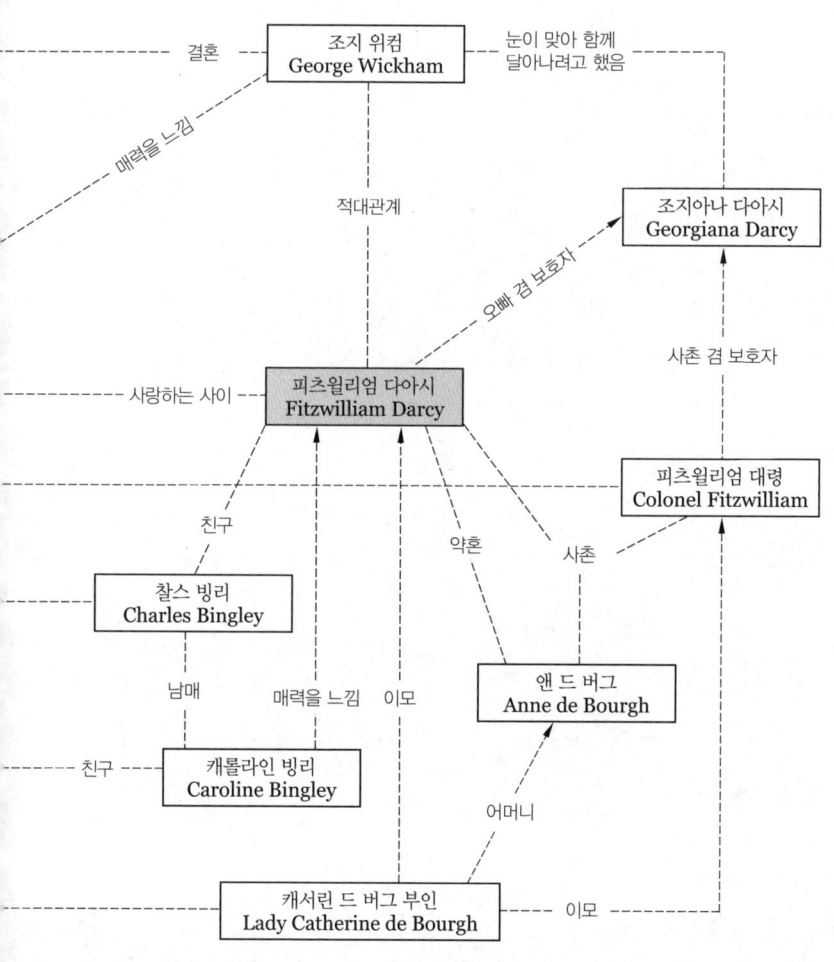

Pride And Prejudice

제1부

제1장

상당한 재력을 가진 미혼 남자는 아내를 찾고 있음에 틀림없다는 것은 보편적으로 알려진 사실이다.

그가 마을로 처음 이사 들어올 때 그런 그의 마음이나 생각이 전혀 알려지지 않았다 할지라도, 그 보편적인 진실은 마을 사람들의 마음속에는 이미 매우 강하게 자리 잡고 있기에 그는 이미 마을 사람들 중 어느 누군가의 딸의 당연한 남편감으로 여겨진다.

"친애하는 내 남편 베넷 씨," 어느 날 그의 아내가 말했다. "드디어 네더필드에 들어올 새 세입자가 생겼다는 소식을 들으셨나요?"

베넷 씨는 듣지 못했다고 말했다.

"세 나갔대요." 그녀가 말했다. "롱 부인이 방금 다녀갔는데 그렇대요."

베넷 씨는 아무런 대답도 하지 않았다.

"누가 세를 얻었는지 알고 싶지 않나요?" 아내가 더 이상 참지 못하고 물었다.

"말하고 싶으면 그냥 말해요. 누군지 듣는 걸 거부하는 건 아니니까."

그 정도면 말하라는 것이나 다름없었다.

"있잖아요, 여보. 롱 부인이 그러는데 네더필드에 세를 얻은 사람은 잉글랜드 북부 지방에서 이사 오는 재력이 대단한 젊은 남자래요."

"이름이 뭐래요?"

"빙리래요"

"기혼? 미혼?"

"미혼이래요, 여보. 확실히 미혼이래요. 돈 많은 미혼 남자. 연봉이 사오천 파운드쯤 된다죠. 이건 우리 딸들한테 정말 잘된 일이죠!"

"어째서? 그게 우리 애들이랑 무슨 상관이란 말이요?"

"어머, 여보," 아내가 대답했다. "당신 어쩌면 그렇게 답답하세요? 분명 그 남자는 우리 애들 중 하나랑 사랑에 빠질 거예요. 그러니까 당신이 반드시 그를 찾아가 보셔야 해요. 그 사람 이사 오자마자요."

"난 그럴 일 없을 거 같은데. 당신이 애들이랑 가 봐요. 아니면 애들만 보내든지. 아마 그러는 편이 더 나을 거 같은데. 당신이 애들만큼이나 매력적이잖소. 빙리 청년이 당신을 제일 좋아하면 안 되지."

"아이참, 공연한 말씀 마세요. 여보, 빙리 씨가 이사 오면 당신이 꼭 가셔서 그 사람을 만나셔야 해요."

"분명히 말하지만 난 그건 약속할 수 없어요."

"정말 꼭 가셔야 한다니까요. 당신이 안 가시면 우리가 그를 방문할 수가 없잖아요."

"당신, 너무 격식 차리고 따지는 거 아니요? 내 생각엔 분명 빙리 그 청년이 당신을 보면 반가워할 거 같은데. 내가 당신 편에 편지를 보내면 되지 않겠소? 우리 딸들 중 마음에 드는 그 어느 딸아이하고라도 결혼해도 된다는 내 진심 어린 승낙이 담긴 편지 말이요."

베넷 씨는 성급함, 비꼬는 유머감각, 자제심, 변덕스러움이 섞인 상당히 복잡한 사람이어서 32년을 함께 산 그의 아내도 아직 그의 성격을 제대로 파악하지 못하고 있었다. 반대로 그녀의 마음을 읽기란 그다지 어렵지 않았다. 그녀는 이해력도 부족하고 아는 것도 별로 없는, 변덕스러운 사람이었다. 그녀는 만족스럽다고 느끼지 못할 땐 초초해했다. 인생 과업이 딸들을 결혼시키는 것인 그녀의 유일한 낙은 남의 집에 놀러 가는 것과 수다뿐이었다.

제2장

베넷 씨는 빙리 씨를 일찌감치 방문한 사람들 중 하나였다. 베넷 씨는 마지막 순간까지도 방문하지 않겠다고 아내에게 주장해 왔지만 실은 처음부터 빙리 씨를 방문할 생각을 가지고 있었다. 방문이 이뤄진 날 저녁까지도 베넷 씨의 아내는 남편이 빙리 씨를 방문한 사실을 몰랐다. 그날 저녁 그 사실은 다음과 같이 알려졌다. 둘째 딸이 모자를 손질하고 있는 것을 보던 베넷 씨가 갑자기 말을 건넸다.

"리지야, 빙리 씨가 그걸 맘에 들어 했으면 좋겠구나."

"우린 빙리 씨가 뭘 좋아하는지 알 수도 없는데요 뭐."라고 그녀의 엄마가 원망하듯 말했다. "우린 그 사람을 방문도 안 할 거니까요. 이젠 빙리 씨 얘기는 질렸어요."

"그렇다니 유감이군. 그럼 왜 미리 말해 주지 않았소? 오늘 아침에 그 사실을 알았더라면 방문 같은 건 안 했을 텐데. 불행한 일이지만 내가 이미 그를 찾아가 버렸으니 이젠 모르는 사이로 되돌릴 수도 없는데 말이야."

여자들의 놀라는 모습은 바로 그가 바라던 바였다. 베넷 부인은 딸들보다 훨씬 더 놀라는 듯했다.

"아, 정말 훌륭해요, 여보. 전 제가 당신을 결국엔 설득할 줄 알고 있었어요. 그런 사람을 사귈 기회를 무시하기에는 딸들에 대한 당신 사랑이 크다는 걸 전 알고 있는 걸요. 너무 기쁜 거 있죠! 오늘 아침에 다녀오셨으면서 지금까지 한 말씀도 안하셨다니 농이 심하셨어요!"

아내의 계속된 기쁨에 대한 표현에 지친 베넷 씨는 방에서 나갔다.

"얘들아, 얼마나 좋은 아버지이시니!" 문이 닫히자 베넷 부인이 말했다. "아버지가 마음 써 주신 데 대해 너희가 어떻게 다 보답을 할 수 있을지 모르겠구나. 너희들을 위해서라면 우리는 그 어떤 일이라도 할 수 있단다."

그 이후의 저녁 시간 동안 여섯 명의 여자들은 얼마나 빨리 빙리 씨가 아버지의 방문에 대한 응답으로 집에 들를 것인지 추측을 하면서, 그리고 언제쯤 그를 저녁 식사에 초대하는 것이 좋을지 궁리하면서 시간을 보냈다.

제3장

빙리 씨는 잘생기고 신사다웠다. 그는 유쾌한 표정에 편안해 보이는 꾸밈없고 예의 바른 태도를 가진 사람이었다. 그의 누이들도 콧대 높아 보이는 품위 있는 여자들이었다. 그의 매형인 허스트 씨는 점잖아 보이진 않았다. 그렇지만 빙리의 친구인 다아시 씨는 당당하게 큰 키와 잘생긴 용모, 귀족스러운 태도, 그리고 그가 등장한 지 채 5분 만에 사람들 입에 오르내린 '일 년에 일만 파운드의 수입을 가진 사람'이라는 점들 때문에 무도회장에 있는 모든 사람들의 주의를 집중시켰다. 남자들은 그가 남자다운 체격을 가졌다고 칭찬했고, 여자들은 그가 빙리 씨보다 훨씬 더 잘생겼다고 수군거렸다. 그에 대한 사람들의 감탄은 저녁이 절반쯤 지나 그의 매너가 사람들에게 혐오감을 사 인기가 뚝 떨어질 때까지 계속되었다. 알고 보니 그는 거만하고 남을 무시하며 대접 받기 좋아하는 사람이었다. 더비셔에 있다는 그 많은 부동산도 가장 금기시되는 일인 남을 불쾌하게 하는 태도로부터 그를 지키기에는 부족했다. 그는 그의 친구와는 비교도 되지 않는 형편없는 사람으로 밝혀진 것이다.

빙리 씨는 얼마 지나지 않아 방에 있는 거의 모든 주요한 사람들에게 자신을 소개하고 대화를 건넸다. 그는 쾌활하고 솔직했으며, 거의 모든 곡에 맞춰 춤을 췄고 무도회가 너무 빨리 끝나는 게 아니냐며 아쉬워하며 네더필드에서 직접 파티를 열어야겠다고 했다. 그런 붙임성 있는 성격은 잘 드러나는 법이었다. 친구와는 매우 극명하게 대조되는 모습이었다.

엘리자베스 베넷은 남자들의 숫자가 적었기 때문에 두 곡의 춤이 진행될 동안 그냥 앉아 있어야 했는데 그녀 가까이에 다아시 씨가 서 있었다. 춤추기를 멈추고 몇 분 쉬러 온 빙리 씨가 그에게 춤을 추라고 권하며 주고받는 대화가 들려왔다.

"이봐, 다아시," 빙리가 말했다. "춤을 춰야지. 이렇게 혼자 서서 멍청하게 있는 모습이 영 보기가 좋지 않네. 춤을 추는 편이 좋겠어."

"분명히 말하지만 춤은 사양하네. 내가 얼마나 춤을 싫어하는지 알지 않나. 파트너를 아주 잘 알지 않는 이상 말일세. 이런 파티장에선 그런 일은 일어나기 힘들지. 자네 누이들은 파트너와 춤을 추고 있지 않나. 자네 누이들을 제외하고는 함께 있는 것이 고통이 아니겠다 싶은 여성이 이 무도회장에 없지 않은가."

"나라면 그렇게 까다롭게 굴진 않겠네." 빙리 씨가 주장했다. "난 오늘 밤만큼 아리따운 여성들을 많이 만난 적이 없는 걸."

"자넨 오늘 온 여자들 중 유일하게 예쁜 여자랑 춤을 추고 있지 않나." 다아시 씨가 베넷가의 큰딸을 바라보며 말했다.

"아! 그녀는 내가 지금껏 보아 온 여자 중 단연 제일 아름다운 여자야! 자네 바로 뒤에 그녀의 동생 중 하나가 앉아 있네. 그녀도 아주 예쁜걸. 상당히 괜찮은 여자 같아 보이네. 내 파트너에게 동생을 자네에게 소개시켜 주라고 할까?"

"어느 여자 말인가?"라며 다아시는 뒤를 돌아보았고 엘리자베스를 잠시 쳐다보다가 그녀와 눈이 마주치자 고개를 돌려 차갑게 말했다.

"참을 만은 하군. 그렇지만 날 유혹할 만큼 예쁘진 않아. 또 지금 난 다른 남자들한테 무시당해서 혼자 앉아 있는 여자를 존중해 주고 싶은 기분은 아니야. 자넨 파트너한테 돌아가서 그녀의 미소를 즐기지 그러나. 이렇게 나랑 시간 낭비하지 말고 말이야."

빙리 씨는 그의 충고를 따랐다. 다아시 씨는 저쪽으로 걸어갔고 엘리자베스는 다아시에 대한 별로 유쾌하지 않은 감정을 안은 채 그대로 앉아 있었다. 그렇지만 그녀는 아무리 기가 막힌 일에도 웃고 털어버릴 수 있는 발랄하고 쾌활한 성격이었기에 기분 좋게 그 이야기를 친구들에게 했다.

전체적으로 그날 저녁은 가족 모두에게 기분 좋게 흘러갔다.

"여보," 집에 들어서자마자 베넷 부인이 남편을 불렀다. "오늘 저녁 정말 멋졌어요. 정말 훌륭한 무도회였답니다. 당신도 거기 계셨더라면 정말 좋았을 뻔 했어요. 사람들이 얼마나 제인한테 감탄하던지 그 누구에게도 비교가 되지 않았어요. 얼마나 그 애가 예쁜지에 대해서 모두들 한마디씩 했답니다. 빙리 씨도 그렇게 생각했고 제인이랑 두 번이나 춤을 추었답니다. 생각 좀 해 보세요, 여보. 빙리 씨랑 제인이 두 번이나 춤을 췄다고요! 두 번이나 춤 신청을 받은 건 제인뿐이었어요."

그녀는 이어서 조금 과장되게 씁쓸해 하면서 다아시 씨의 놀랄만한 무례함에 대해서 말했다.

"얼마나 거만하고 잘난 척이던지 정말 참을 수 없었어요! 여기저기 뽐내면서 걸어 다니는 모습이란! 정말 끔찍한 사람이에요."

제4장

제인과 엘리자베스만 남게 되었을 때 그 전엔 빙리 씨를 칭찬하는 데 조심스러웠던 제인이 자신이 얼마나 빙리 씨에게 호감이 있는지를 동생에게 표현했다.

"빙리 씨는 그야말로 젊은 남자의 표준이야. 지각 있지, 유머감각 있지, 쾌활하지. 그렇게 예의 바른 사람은 처음이야. 얼마나 편안하게 해 주던지. 집안도 정말 좋고!"

"잘생기기까지 했지." 엘리자베스가 대답했다. "젊은 남자가 갖춰야 할 또 하나의 덕목이지. 가능하다면 말이야. 그야말로 그는 완벽한 남자네."

"그가 나한테 두 번째로 춤 신청을 했을 때 얼마나 기분이 좋았는지 몰라. 그런 찬사는 기대하지도 않았는데."

"기대 안 했어? 난 당연히 그럴 거라고 생각했는데. 하긴 그게 언니랑 나의 차이점이지. 칭찬 받으면 언니는 언제나 놀라고 난 절대 놀라지 않고. 언니한테 두 번 신청한 건 너무나 당연해. 언니가 그 무도회장에 있던 그 어떤 여자보다도 한 다섯 배쯤 예쁘다는 걸 빙리 씨가 알아차리지 못할 리가 있었겠어? 그가 정중해서가 아니라고. 뭐, 그가 매우 호감 가는 형이라는 건 사실이야. 언니가 그 사람 좋아해도 좋아, 내가 인정해. 언니, 그 사람누이들도 좋아하지, 그렇지? 누이들 예의범절은 그 사람만 못하긴 하던데.”

“물론 아니지, 첫인상으로 보면. 그렇지만 얘기해 보면 꽤나 괜찮은 사람들이야. 빙리 씨 여동생은 오빠랑 살면서 오빠 집을 돌볼 거래. 그녀 같은 매력적인 이웃을 우리가 좋게 생각 안 하면 말이 안 되지.”

엘리자베스는 아무 말 없이 듣고 있었지만 동의할 수는 없었다. 오늘 모임에서 그들의 행동은 마음에 든다 하기엔 부족했다. 자신에게 대한 그들의 관심 여부와는 상관없는 확고한 판단력으로 엘리자베스는 그들에게 호의적일 수는 없었다. 빙리 씨의 누이들은 좋게 보면 유머감각도 부족하지 않은 사실 꽤나 괜찮은 여자들이긴 했지만, 남들로 하여금 호감을 느끼게 할 스타일은 아니었다. 그러기엔 그들은 너무 거만하고 우쭐댔다.

제5장

베넷 가문이 거주하는 롱본에서 걸어서 얼마 안 되는 거리에 베넷 가와 각별히 친한 한 가족이 살았다. 윌리엄 루카스 경은 예전에 메리톤에서 장사를 해서 상당한 재산을 벌어들였다. 지위가 꽤나 높았지만 그는 우쭐대는 사람은 아니었다. 오히려 모든 사람 일에 배려하고 신경을 쓰는 편이었다.

루카스 부인은 베넷 부인에게 크게 도움이 될 만큼 영리하진 않았지만 매우 친절한 사람이었다. 그들은 자식이 몇 명있었다. 루카스 가의 큰 딸은 27살 난 무척 현명하고 지적인 여성으로 엘리자베스의 가장 친한 친구였다.

양쪽 집안의 딸들이 모여서 무도회에 대한 이야기를 나누는 것은 너무나 당연한 일이었다. 파티 다음날 아침 루카스 가의 딸들이 롱본으로 와서 이야기를 주고받았다.

"샬롯, 너 어젯밤에 시작이 좋더구나."라고 예의를 갖추고 절제하며 베넷 부인이 루카스 양에게 말했다. "빙리 씨가 널 처음으로 선택해서 춤을 췄잖니."

"그랬죠. 하지만 빙리 씨는 그의 두 번째 선택을 더 마음에 들어 하는 거 같던걸요."

"제인 말이니? 그러게. 그가 제인이랑 두 번 춤을 추었으니까. 확실히 그건 그가 제인을 맘에 들어 한다는 뜻 같긴 했어. 뭐 실제로 그런 거 같기도 하고. 내가 무슨 얘기를 듣긴 했거든. 그 로 빈슨 씨인가 그 사람에 대해 뭐라고 했다던데."

"아, 제가 빙리 씨와 로빈슨 씨가 주고받은 이야기를 어깨너머로 들은 거 말하시는 건가요? 제가 말씀드리지 않았던가요? 로빈슨 씨가 빙리 씨한테 물어봤어요. 누가 제일 예쁘냐고. 그랬더니 주저 없이 '베넷 가의 큰딸'이랬죠."

"역시 그랬구나! 빙리 씨가 우리 제인을 맘에 들어 하는 거 맞네."

"내가 엿들은 이야기는 쓸모라도 있는데 네가 들은 이야기는 어쩌면 좋니, 리지야?" 샬롯이 말했다. "다아시 씨 이야기는 친구 이야기만큼 들을 가치 있는 이야기는 아니었는데. 리지, 불쌍해라. 단지 참을 만한 여자라고 불리는 걸 듣다니."

"괜히 그의 불량한 태도 얘기를 계속해서 리지의 신경을 건드릴 필요 없다. 그렇게 불쾌한 사람이 좋아한다면 그거야 말로 불행한 일일 테니까."

"그의 오만함은 다른 사람들의 오만함과는 달리 그렇게 나쁘게만 보이지는 않아요. 그럴 만하잖아요." 루카스 양이 이어 말했다. "그렇게 완벽한 남자가, 훌륭한 가문에 큰 재산에 모든 것을 다 갖춘 사람이 스스로를 잘났다고 생각하는 건 당연하죠. 제 생각을 직선적으로 표현하자면, 그는 오만할 권리가 있다고 볼 수 있을 거 같아요."

"맞는 말이야." 엘리자베스가 대답했다. "그리고 그의 오만함은 얼마든지 용서가 되지. 그가 내 자존심을 그렇게 짓밟지만 않았다면 말이야."

제6장

빙리 씨가 제인을 좋아하는 건 누가 봐도 확실해 보였고 처음부터 제인도 빙리 씨를 마음에 들어 했을 뿐만 아니라 점점 더 좋아져서 깊은 사랑에 빠져들어 가고 있다는 것 역시 확실했다. 그래도 세상 사람들이 제인의 마음을 쉽게 알아차릴 수 없다는 점을 엘리자베스는 다행이라 생각했다. 제인은 풍부한 감성을 가지고 있으면서도 늘 평안한 상태로 좋은 기분을 유지하는 성격이어서 남의 일 참견하기 좋아라하는 사람들의 의혹에 찬 눈길로부터 자신을 보호할 수 있는 사람이었다. 엘리자베스는 이러한 자신의 생각을 루카스 양에게 말했다.

"그렇게 자기 감정을 감추는 게 때로는 좋지 않을 때도 있어. 만약 여자가 자신의 솔직한 감정을 사랑하는 사람으로부터 감추기만 한다면, 그를 얻을 기회를 잃을 수도 있거든."이라고 샬롯은 말했다.

"그렇지만 만약 여자가 남자를 좋아하면서 그 감정을 감추지 않는다면, 남자가 그냥 바로 알아 버리잖아."

"둘이 자주 만난다면 남자가 당연히 알아차리지. 빙리 씨랑 제인 언니는 상당히 자주 만나기는 하지만 둘이 같이 보내는 시간이 길지는 않아. 그리고 늘 다른 사람들과 섞여서 만나니까 둘이서만 대화하는 데 집중하기가 어렵다는 게 문제야."

언니에게 쏠린 빙리 씨의 관심을 관찰하는 데 정신을 뺏긴 엘리자베스는 자기가 빙리 씨의 친구의 관심의 표적이 되고 있다는 사실은 눈치조차 채지 못하고 있었다. 다아시 씨는 처음엔 엘리자베스가 예쁘다고는 도저히 생각하지 못했었지만 그녀의 진한 눈동자에서 나오는 아름다운 눈빛이 눈에 띄게 지적이라고 느끼기 시작했다. 그녀가 밝고 매력적이라는 것을 인정하지 않을 수가 없었다.

다아시 씨는 자기 생각에 몰두한 나머지 윌리엄 경이 이야기를 시작할 때까지 그가 자신의 옆에 있다는 점을 깨닫지 못하고 있었다.

"당신 친구 분이 춤을 참 근사하게 추시는군요. 다아시 씨, 당신 역시도 훌륭한 실력을 가지셨음에 틀림없을 테지요."

엘리자베스는 그 순간 그들 쪽으로 걸어오고 있었는데 불현듯이 두 남녀에게 매너있는 행동을 해야겠다는 생각이 든 윌리엄 경이 그녀를 불러 세웠다.

"리지 양, 왜 춤을 안 추고 있지요? 다아시 씨, 이 젊은 여성을 당신의 춤 파트너로 소개시켜 드리고 싶습니다. 이렇게 아름다운 아가씨가 앞에 있는데 춤을 거절하시지는 않으실 테죠?"라고 말하며 그녀의 손을 잡아 다아시 씨에게 건네려고 했다. 그녀가 재빨리 손을 빼고 윌리엄 경에게 말했다.

"전 춤추려고 여기 온 게 정말 아니에요."

다아시 씨가 무게 있는 점잖은 태도로 손을 내밀며 춤 신청을 해 왔지만 엘리자베스가 허락할 리 없었다.

그녀의 저항에도 그녀를 바라보는 그의 눈은 달라지지 않았고, 빙리 씨의 여동생이 말을 걸 때도 다아시는 흐뭇한 마음으로 엘리자베스 생각에 빠져 있었다.

"다아시 오빠, 이런 식으로 이따위 사교 모임에서 매일매일 시간을 보내는 게 얼마나 참을 수 없는지 생각하고 계셨죠? 저도 그렇게 생각해요. 이렇게 끔찍한 파티들은 정말 처음이에요."

"전혀 그렇지 않아. 사실 말이지 난 이렇게 유쾌해 본 적이 없어. 아름다운 한 여성의 맑은 눈이 주는 큰 기쁨에 대해서 생각하고 있던 중이었는걸."

빙리 양은 즉시 그의 얼굴에 시선을 고정시키고 도대체 어느 여자가 그에게 그런 감정을 불러일으키는지 말해 주기를 바라는 마음으로 바라봤다. 다아시 씨가 망설임 없이 대답했다.

"엘리자베스 베넷 양."

"엘리자베스 베넷?" 빙리 양이 확인하듯 물었다. "전혀 상상도 못했어요. 오빠, 정말 매력 덩어리 장모님을 두시게 되겠네요. 그리고 아시죠? 장모님이 늘 펨벌리 오빠네 집에 상주하실 거라는 거?"

빙리 양이 그렇게 계속 자기 생각을 늘어놓건 말건 그는 전혀 괘념치 않고 흘려들었다.

제7장

하인이 베넷 양 앞으로 도착한 전갈을 가지고 들어왔다. 네더필드에서 온 것이었다.

나의 친애하는 친구에게

이 전갈을 받는 즉시 건너와 주세요. 오빠랑 남자 분들은 모두 장교들이랑 식사하러 나갔어요. 집에서 우리 여자들끼리 시간 보내요.

캐롤라인 빙리 보냄

"식사하러 나갈 거라니." 베넷 부인이 말했다. "운이 없구나."

"마차 타고 가도 되나요?" 제인이 물었다.

"아니, 얘야. 비가 올 것 같으니 말을 타고 가렴. 그럼 거기서 자고 오면 되지 않겠니?"

제인이 떠난 지 얼마 되지 않아 비가 심하게 내렸다. 제인의 동생들은 제인을 걱정했지만 엄마는 오히려 기뻐했다. 비는 그치지 않고 저녁 내내 내렸다. 제인이 돌아오는 건 확실히 힘들어 보였다.

다음날 아침 아침 식사가 끝나자마자 네더필드에서 온 하인이 엘리자베스에게 전갈을 가지고 왔다.

사랑하는 동생 리지에게

오늘 아침에 내가 몸이 좋지 않구나. 아마도 어제 비에 흠뻑 젖은 탓이겠지. 여기 내 친절한 친구들이 내가 다 나을 때까지 못 가게 하는 구나. 목이랑 머리가 아픈 걸 제외하면 난 별 탈 없단다.

언니가

언니가 무척 걱정스러운 리지는 언니한테 가 보기로 결심했다. 마차를 타고 갈 수도 없었고 말은 탈 줄 몰랐기 때문에 그녀의 유일한 방법은 걷는 것뿐이었다.

엘리자베스는 혼자서 계속 걸었다. 들판에 들판을 지나 급한 마음에 도랑과 웅덩이를 뛰어넘어 빠르게 걸어갔다. 드디어 네더필드 저택이 시야에 들어왔을 때는 그녀의 다리는 지칠 대로 지쳐 있었고 스타킹은 더러워졌고 한참을 걸은 탓에 얼굴은 시뻘겋게 달아올라 있었다.

그녀는 작은 응접실로 안내되었는데 그곳엔 제인을 뺀 모든 이들이 모여 있었다. 엘리자베스의 등장은 모두를 깜짝 놀라게 했다.

다행히 그들은 엘리자베스를 바로 제인에게 데려갔다.

약제사가 와서 제인을 살펴보더니, 우려했던 대로 제인이 매우 심한 감기에 걸렸다며 치료하려면 꽤나 시간이 걸릴 거라고 했다.

세 시가 되었을 때 엘리자베스는 이만 가봐야겠다고 생각하고 비록 가고 싶지는 않았지만 가겠다고 말했다. 제인이 동생과 헤어지고 싶어 하지 않자 마차를 타고 가라고 제안했던 빙리 양은 곧 마음을 바꿔 당분간 네더필드에 머물라고 권했다. 엘리자베스는 기뻐 동의하였고 하인을 롱본으로 보내서 가족들에게 자신이 네더필드에 머문다는 것을 알리고 옷가지를 챙겨 오게 했다.

제8장

 다섯 시가 되자 빙리 씨의 두 누이는 옷을 갈아입으러 갔고 여섯 시 반에 엘리자베스에게 저녁 식사하러 오라고 했다. 그리고 제인의 병세의 차도를 묻는 질문들이 쏟아졌는데 그 중에서도 빙리 씨는 매우 걱정하고 있음을 느낄 수 있어서 마음이 흡족했지만 안도가 될 만한 대답을 할 수 없었다. 제인의 병세에 전혀 차도가 없었기 때문이다. 그랬더니 빙리 씨의 누이들이 얼마나 속이 상한지, 심한 감기에 걸리면 얼마나 끔찍한지, 아픈 게 얼마나 괴로운지를 세네 번이나 반복해서 말했는데 그러고 나서는 더 이상 신경 쓰지 않는 것 같았다. 제인이 눈앞에 있을 때만 신경 쓰는 척하고 없으면 무관심한 그들을 보자 엘리자베스는 전에 그들에게 가졌던 비호감이 다시 살아나는 것을 느꼈다.
 사실 그녀들의 남자 형제만이 엘리자베스 맘에 드는 유일한 사람이었다. 그가 제인을 걱정하는 마음은 분명했고 제인에 대한 그의 관심은 정말 진심이었다.
 저녁 식사가 끝나자 엘리자베스는 제인에게로 바로 돌아갔다. 그녀가 방을 나서자마자 빙리 양은 엘리자베스를 험담하기 시작했다. 예의 없고 오만한데다가 콧대도 세다고 했다. 화술도 없고 감각도 떨어지고 예쁘지도 않다고 했다.
 "언니가 아프다고 아무렴 그렇게 들판을 마구 뛰어다녀야 해?

머리를 그렇게 다 엉클어뜨리면서? 그렇게 엉망을 해 가지고 단정치 못하게 말이야!"

"그렇지만 난 그건 전혀 잘못된 게 아닌 거 같아. 오늘 아침에 엘리자베스 양이 거실에 들어왔을 때 무척이나 예쁘다고 생각했어." 빙리가 말했다.

"그런데 당신도 보셨겠지요, 다아시 씨. 모르긴 몰라도 그녀의 그런 모습이 그녀의 눈망울을 사모하는 당신 마음을 좀 사그라지게 했겠죠?"라고 빙리 양이 말했다.

"전혀." 다아시 씨가 대답했다. "오히려 그녀의 눈망울이 뛰어다니고 나니 더 밝아졌던걸." 다아시 씨가 이렇게 말하자 잠시 침묵이 흘렀고 그 후 허스트 부인이 받아 말했다.

"난 정말 제인 베넷 양을 존경해. 정말 훌륭한 아가씨야. 진심으로 바라는데 그녀가 좋은 가문과 혼인을 했으면 좋겠는데 그런 부모님에다가 그런 인맥으론 아마 힘들 테지."

제9장

네더필드 가의 아침 식사가 끝나고 얼마 되지 않아 넷째와 다섯째 딸을 동반한 베넷 부인이 찾아왔다.

제인이 심하게 아픈 것은 아니라는 걸 보고 안심한 베넷 부인은 제인이 빨리 나아야 한다는 생각을 접었다. 왜냐하면 제인이 건강해지면 그것은 곧 네더필드를 떠나야 한다는 의미와 같기 때문이었다. 빙리 씨는 베넷 부인이 생각보다 제인이 더 아프다고 느끼지 않았기를 바라면서 말을 건넸다.

"우리 제인이 정말 생각보다 훨씬 아프네요."라는 그녀의 대답이 돌아왔다. "돌아가기에는 그 애 몸이 많이 좋지 않아요. 댁의 친절한 호의에 며칠 더 의지해야겠어요."

"돌아간다니요!" 빙리 씨가 단호하게 말했다. "그런 생각은 하지도 마세요. 제 동생도 제인이 낫지 않은 몸으로 돌아가는 것을 허락하지 않을 겁니다."

"걱정 안 하셔도 돼요, 부인." 빙리 양이 차갑게 예의를 갖춰 말했다. "베넷 양이 머무는 동안 최선의 보살핌을 받을 거예요."

베넷 부인은 호들갑스럽게 사의를 표했다.

"이렇게 좋은 친구 분들이 아니셨더라면 제인이 저렇게 아플 때 어쩔 뻔 했어요. 정말 저렇게 아픈데 말이에요."

어머니의 관심을 다른 곳으로 돌리고 싶은 엘리자베스는 자기가 네더필드에 와 있는 동안 샬롯 루카스가 롱본에 왔었는지를 베넷 부인에게 물었다.

"그래, 어제 아버지와 함께 왔었다. 루카스 딸들은 정말 좋은 아가씨들이야. 그렇지만 그 애들이 예쁘지 않은 건 정말 유감이지! 샬롯이 그저 평범한 외모를 가졌다는 건 나만의 생각이 아니야. 루카스 부인도 종종 그렇게 말하곤 하면서 제인의 미모를 얼마나 부러워하는지 몰라. 내 딸 자랑을 늘어놓고 싶지는 않지만 정말이지 제인보다 예쁜 여자는 매우 드물어. 모두가 하는 말이야. 단지 나만 내 딸이니까 그렇게 생각하는 것이 아니라."

다아시 씨는 미소만 지었다. 그리고 모두 침묵하는 순간이 계속되자 엘리자베스는 자신의 어머니가 웃음거리가 될 말을 또 할까 봐 마음을 졸였다. 베넷 부인은 또 말하고 싶어 했지만 딱히 할 말이 생각나지 않았다. 그래서 잠시 멈칫하다가 빙리 씨에게 제인을 돌봐 주는 데 대한 사의와 리지 때문에 불편을 겪게 한 것에 대한 사과를 거듭 표했다.

그리고 베넷 부인은 넷째와 다섯째 딸을 데리고 떠났고 엘리자베스는 즉시 제인에게로 돌아갔다. 빙리 양과 허스트 부인 그리고 다아시 씨만이 남아 제인과 그 가족들의 행동에 대한 평을 대화의 주제로 삼았을 것은 보지 않아도 뻔했다.

제10장

하루가 그 전날과 비슷하게 흘러갔다. 허스트 부인과 빙리 양은 오전 몇 시간은 천천히 회복세를 찾아가고 있는 제인과 보냈고, 저녁 시간엔 엘리자베스도 응접실에서 그들과 함께 시간을 보냈다. 다아시 씨는 누이에게 편지를 쓰고 있었는데 빙리 양은 옆에 앉아서 그가 편지를 써 내려가는 것을 지켜보면서 다아시의 누이에게 자기가 전하는 말을 자꾸 불러 주면서 다아시 씨의 주의를 끌고 있었다.

엘리자베스는 자수를 놓으면서 다아시와 빙리 양이 주고받는 대화에서 재미를 느끼고 있었다. 그녀는 계속해서 그의 글씨체며, 깔끔하게 맞춰진 줄이며, 편지의 길이 등에 대해서 칭찬을 해 댔지만 그녀의 그런 칭찬들은 조금도 흐트러짐 없는 완벽한 무관심이 되어 돌아왔다. 그들의 대화는 엘리자베스가 그 두 사람을 판단한 바와 정확히 일치하는 퍽이나 흥미로운 대화였다.

편지를 다 쓰자 다아시 씨는 빙리 양과 엘리자베스에게 음악 연주를 감상할 특권을 달라고 청했다. 빙리 양은 얼른 피아노 로 향한 후 엘리자베스에게 먼저 연주해 달라고 정중하게 요청했는데 그녀가 역시 정중하게, 그리고 더욱 강력하게 사양하자 자기가 먼저 피아노 앞에 앉았다.

허스트 부인이 빙리 양과 함께 노래를 하는 동안 엘리자베스는 피아노 위의 악보를 넘겼는데 그러는 동안 엘리자베스는 자신에게 자주 고정되어 있는 다아시 씨의 눈길을 눈치채지 않을 수가 없었다.

빙리 양도 그 모습을 보았는지 아니면 질투심 때문에 의심을 하는 건지 엘리자베스를 보내 버리고 싶은 심정이 강해졌다. 그리고 그녀는 문득 그녀의 절친한 친구 제인이 빨리 건강을 회복해야 할 텐데 하는 조바심이 생겼다.

제11장

저녁 식사 후에 숙녀들이 물러갈 때가 되자 엘리자베스는 제인에게로 달려갔다. 제인이 많이 회복된 것을 보고 그녀를 응접실로 데려갔는데 그곳에서 그녀의 두 친구와 다른 많은 사람들이 그녀를 환영해 줬다.

그러나 남자들이 방에 들어오자 제인에게 쏠렸던 관심은 흩어졌다. 빙리 양의 눈은 즉각적으로 다아시에게로 향했다. 다아시 씨는 베넷 양에게 예의 바르게 건강 회복 축하 인사를 건넸고 허스트 씨도 살짝 고개를 숙여 인사를 건넸다. 그렇지만 가장 많은 얘기를 건네고 온화한 미소를 보내 준 것은 역시 빙리 씨였다. 빙리 씨는 매우 기뻐하며 온통 제인한테만 신경을 쏟았다. 그는 제인 옆에 앉아서 누구한테도 거의 말을 걸지 않고 오로지 제인하고만 이야기를 나누었다. 대각선 방향에 앉아 있던 엘리자베스는 그 모습을 기쁘게 바라보았다.

빙리 양의 눈길은 자기가 읽고 있는 책보다 다아시 씨가 책을 읽는 모습에 있는 것 같았다. 그녀는 계속해서 다아시 씨에게 질문을 던지거나 다아시 씨가 읽고 있는 페이지를 들여다보았다. 그러나 그녀는 다아시 씨와 대화를 나누는 데 성공하지는 못했다. 그는 그녀의 질문에 거의 대답을 하지 않고 계속 책을 읽어 나가기만 했다.

빙리 양은 일어나서 방안을 걸어 다녔다. 그녀는 우아했고 걷는 모습도 예뻤다. 그러나 정작 바라봐 주길 바랐던 다아시 씨는 여전히 책에만 전념할 뿐이었다. 얼마나 다아시 씨의 눈길을 필사적으로 바랐던지 그녀는 한 가지 노력을 더 하기로 결심하고 엘리자베스를 향해 말했다.

"리지 베넷 양, 저랑 같이 걷지 않으실래요? 방을 함께 걷지요. 같은 자세로 오래 앉아 있다가 일어나 걸으니 매우 기분이 좋네요."

엘리자베스는 놀랐지만 바로 그러기로 동의했다. 빙리 양은 진짜 목적이었던 다아시 씨의 눈길을 얻어냈다. 다아시 씨는 책에서 눈을 들어 쳐다보았고 자신의 눈길이 엘리자베스에게 집중되었다는 사실을 엘리자베스만큼이나 강렬하게 느끼면서도 무의식적으로 보던 책을 덮어 버렸다. 빙리 양이 다아시 씨에게 함께 걷자고 직선적으로 제안했지만 그는 거절했다. 그가 보기엔 그들이 방안을 함께 왔다갔다하는 이유는 딱 두 가지 목적 중 하나에서 비롯된 것이었고 자신이 함께 걸으면 그 두 가지 목적이 모두 방해가 될 것으로 보았다. "도대체 그가 거절한 이유가 무엇이었을까?" 빙리 양은 그의 의도가 무엇인지 알고 싶어 정말 못 견뎌 했고, 엘리자베스에게 혹시 그의 뜻을 이해하는지 물었다.

"아뇨. 전혀 몰라요."라고 답한 엘리자베스가 말했다. "그렇지만 제 말대로 해요. 우리를 비난하려는 게 틀림없으니 그냥 아무 말도 묻지 말아요. 그러면 그가 분명히 실망할 거예요."

그러나 빙리 양은 다아시 씨를 실망시키는 건 그 어떤 일도 할 수 없는 여자인터라 그가 말하는 두 가지 동기가 무엇인지 설명해 달라고 끈질기게 졸라댔다.

"설명 못할 이유는 전혀 없어요."라고 다아시 씨가 빙리 양의 청을 듣고 말했다. "두 사람이 오늘 밤 방 안을 그렇게 걷는 이유는 비밀 이야기를 하는 것이든지 아니면 걸으면 예뻐 보인다는 걸 알기에 걷는 것이든지 둘 중의 하나일 테죠. 만약, 첫 번째 이유로 걷고 있다면 난 완전 방해가 될 것이고 두 번째 이유라면 여기 벽난로 옆에 앉아서 바라보는 것이 훨씬 감상하기에 좋을 테죠."

"세상에!" 빙리 양이 소리쳤다. "그렇게 저속한 말은 들어 본 적도 없네요! 그런 말을 한 대가를 어떻게 치르게 하면 좋을까요?"

"하려고 맘만 먹으면 어렵지 않죠." 엘리자베스가 말했다. "놀려 줘도 되고 비웃어 줘도 되고. 당신이 그랑 친하시니까 어떻게 벌주면 제일 좋을지 잘 아시죠?"

"어쩜 저렇게 늘 태연한 척하는지 놀린다고요! 아뇨, 아뇨. 그러면 아마 우리를 조롱할 거예요. 비웃어 주는 것도 안돼요. 별이유 없이 비웃었다간 우리가 오히려 우스운 꼴이 되죠. 그럼 그건 다아시 씨를 유리하게 하는 거예요."

"다아시 씨는 놀릴 수가 없다는 말인가요?" 엘리자베스가 외쳤다. "놀려 줄 단점이 없다니 그것 참 드문 장점이네요."

"단점 없는 사람은 없죠. 그러나 놀림감이 될 만한 빌미가 될 단점은 되도록 피하는 법을 살면서 좀 배웠죠."

"그래요. 당신 단점은 모든 사람을 다 싫어한다는 것뿐이죠?"

"그러면 당신 단점은 모든 사람들을 오해하는 거고요?" 그가 미소를 머금으며 말했다.

"우리 음악이나 연주해요." 끼어들 여지가 없는 두 사람의 대화에 싫증난 빙리 양이 말했다.

그리고 피아노 덮개를 열었다.

제12장

　언니와 의견의 일치를 본 엘리자베스가 다음날 아침 어머니에게 마차를 보내 달라고 청하는 편지를 썼다. 그렇지만 딸들이 네더필드에 그 다음 주 화요일까지 머물러서 제인이 네더필드에서 일주일을 꽉 채우고 돌아와야 한다고 혼자 계산해 놓고 있었던 베넷 부인은 일찍 딸들이 돌아오는 것을 반길 수가 없었다. 그래서 엘리자베스가 제인에게 빙리 씨의 마차를 빌리라고 말했고 그 청은 받아들여졌다.

　다아시 씨는 잘된 일이라 생각했다. 엘리자베스에 대한 끌림은 생각보다 훨씬 더 강했고 그래서인지 빙리 양은 엘리자베스에게 무례했으며 자신에게도 평소보다 더 새침하게 굴었기 때문이다.

　제인과 엘리자베스는 어머니의 따뜻한 환영을 받지 못했다. 베넷 부인은 딸들이 빙리 씨에게 왜 그렇게 부담을 주면서까지 돌아와야 했는지 의아해 했고 제인이 다 낫지 않고 왔기에 또 감기에 걸릴 것이라고 장담했다. 그러나 아버지는 비록 여러 말씀은 안했어도 딸들이 돌아온 것을 무척 반가워했다.

제13장

"여보," 그 다음날 아침 식사 중에 베넷 씨가 아내에게 말을 꺼냈다. "오늘 저녁 식사를 신경 써서 차리라고 하인들에게 말해뒀기 바라오. 오늘 가족 모임에 한 사람이 추가될 테니까 말이오."

"누가 오나요?"

"청년 하나인데 나도 잘 모르는 사람이오."

베넷 부인의 눈이 반짝거렸다. "낯선 청년이라고요? 빙리 씨로군요?"

"빙리 씨가 아니고," 남편이 말했다. "내가 한 번도 만나 본 적이 없는 사람이오. 한 달 전쯤에 내 사촌 콜린스로부터 편지를 한 통 받았소. 그는 내가 죽으면 이 집을 소유하게 될 사람이오."

"어머나," 그의 아내가 외쳤다. "그건 정말 생각하기도 싫은 일이에요. 당신 땅을 당신 딸들이 상속 받지 못한다니. 제가 당신이었더라면, 정말이지 이미 오래전에 그 문제를 어떻게든 해결하고 말았을 거예요."

"정말 최악의 부당한 처사이고말고!" 베넷 씨가 말했다. "그 무엇도 롱본을 상속받으면서 느끼는 죄책감에서 콜린스를 빠져나오게 하진 못할 거야. 그렇지만 그의 편지를 읽어 보면 당신도 아마 조금은 마음이 누그러질 거요."

베넷 씨에게

돌아가신 저희 아버지와 어르신 사이에 있었던 불화는 절 항상 불편하게 했습니다. 아버지를 잃는 슬픔을 겪은 후 불편한 관계를 개선해야겠다고 종종 생각해 왔습니다. 그렇지 않고서 제가 어찌 감히 형님의 사랑스러운 딸들에게 상처를 주는 일을 생각할 수 있겠습니까. 이 문제로 사과도 드리고 싶고 따님들에게 그 어떠한 보상도 하겠다는 제 마음을 전하러 떠나려 합니다. 만약 제가 댁을 방문하는 것이 크게 실례가 아니라면 댁에 가서 머물기를 청합니다. 11월 18일 월요일 네 시경에 도착할 것이며 형님 가족의 사생활에 방해가 될 줄 알면서 그 다음 주 7일 째인 토요일까지 실례를 하고자 하니 호의를 부탁드립니다.

윌리엄 콜린스

콜린스 씨는 제시간에 도착했다. 그는 키가 크고 몸집이 커다란 스물다섯의 젊은 남자였다. 그는 진지하고 근엄하며 매우 격식을 차리는 사람이었다. 그는 앉자마자 훌륭한 딸들을 두었다며 베넷 부인을 칭찬했다. 베넷 가 딸들의 아름다운 외모에 대해서 여러 차례 들어 보았지만 들은 바 보다 실물들이 훨씬 뛰어나며 머지않아 딸들이 모두 결혼하게 될 것임에 틀림없다고 말했다.

저녁 식사가 준비되었다는 전갈에 그는 칭찬을 그만두고 식사를 하러 갔고 딸들은 서로를 쳐다보며 미소 지었다.

제14장

 저녁 식사를 하는 동안 베넷 씨는 말이 없었다. 그러나 하인들
이 모두 물러가자 손님과 대화를 나누기에 적합한 시간이라 생
각했다. 손님이 매우 좋은 후원자를 가졌기에 그것이 손님이 빛
을 발할 수 있는 주제라고 생각하고 이야기를 시작했다. 캐서린
드 버그 부인이 콜린스가 원하는 바와 그의 안위를 위해 애쓴 바
는 매우 놀라웠다. 콜린스 씨는 드 버그 부인을 능변으로 칭찬했
다. 그녀에 대한 이야기를 하는 그는 평소의 점잔 빼는 모습에서
벗어나서 생기가 넘치는 모습이었다. 그는 특히나 캐서린 드 버
그 부인처럼 높은 지위의 분이 어떻게 그렇게 상냥하고 겸손하
게 자신을 대해 주는지 정말 놀랍다고 강조해서 말했다.
 "정말 친절하신 분이시네요. 보통 여성들이 그녀와 같지 않은
건 정말 유감이죠. 그분이 이웃에 사시나요?"라고 베넷 부인이
물었다.
 "제 초라한 집의 정원과 그녀의 저택인 로징스 영지는 작은
골목 하나를 사이에 두고 있지요."
 "듣기로 미망인이시라지요? 자제분은 있나요?"
 "따님이 한 분 계세요. 로징스 영지와 엄청난 땅을 물려받게
될 상속인이죠. 제가 드 버그 부인에게 몇 번 이렇게 말씀드렸
죠. 따님은 공작부인이 되기 위해 태어난 것 같다고. 그 높은 지

위가 그녀를 돋보이게 하는 것이 아니라 오히려 그 높은 지위가 따님 때문에 빛이 난다고 말이죠. 이런 작은 칭찬들이 부인을 기쁘게 하죠. 그게 바로 제가 각별히 신경 써야 하는 부분들이고요."

베넷 씨가 상상했던 바 그대로였다. 사촌은 정말 생각했던 대로 우스꽝스런 사람이었다. 베넷 씨는 속으로 신랄한 비판을 즐기면서도 내색은 전혀 하지 않은 채 사촌의 이야기를 들었다. 가끔씩 엘리자베스도 같은 생각을 하는지 궁금해 하면서 딸에게 눈길을 주었다.

제15장

콜린스 씨는 똑똑한 사람도 아니었고 교육을 잘 받은 것도 좋은 환경에서 자란 것도 아니었다. 그렇지만 엄한 아버지 밑에서 자란 탓에 겸손할 줄 알았다. 때문에 캐서린 드 버그 부인 마음에 든 것이다.

이제 좋은 집과 충분한 수입도 있었기에 그는 결혼하고 싶었다. 그리고 베넷 가와의 화해의 수단으로 베넷 가의 딸들 중 한 명과 결혼할 작정이었다. 이것이 아버지의 땅을 물려받은 데 대해 베넷 가 딸들에게 주는 보상 또는 속죄의 계획이었다.

첫째 날 그는 제인을 점찍었었다. 그러나 그 선택은 바로 다음 날 아침 바뀌었다. 아침 식사 전에 베넷 부인과 15분간 그의 목사관 이야기로 시작한 후 롱본에서 신붓감을 찾고자 하는 자신의 마음을 자연스럽게 고백하자 베넷 부인이 정중한 미소로 전해 준 충고를 들었기 때문이다. 베넷 부인으로선 그녀의 첫째 딸 제인이 곧 약혼하게 될 것이라는 힌트를 전하지 않을 수가 없었다.

콜린스 씨는 제인에서 엘리자베스로 마음을 바꾸면 되었다.

베넷 부인은 힌트를 전한 것이 정말 잘 한 것이라고 생각했다. 곧 딸 둘을 결혼시킬 수 있을 것 같았다. 그리고 전날까지만 해도 입에 올리기에도 혐오스럽던 사람이 이제는 너무나 마음에 들었다.

메리턴까지 걸어가겠다던 리디아의 생각은 실천에 옮겨졌다. 메리를 제외한 자매들이 모두 리디아와 함께 걸어갔고 콜린스 씨도 동행했다.

젠체하며 늘어놓는 그의 지루한 이야기에도 자매들은 호의적으로 들어주었다. 그러나 메리턴에 들어서자 자매들은 더 이상 그의 이야기에 관심을 기울이지 않았다.

모든 아가씨들의 관심은 곧 한 번도 본 적이 없는 가장 신사다운 외모를 갖춘 어느 청년에게 쏠렸다. 그는 장교 한 명과 함께 길 저편에서 걷고 있었다. 그 장교는 바로 리디아가 언제 런던에서 돌아오는 지 궁금해하던 데니 씨였다. 데니 씨는 자매들을 직접 불러 그와 함께 그 전날 런던으로부터 온 친구 위컴 씨를 소개하겠노라고 했다. 모두들 화기애애하게 이야기를 하고 있었는데 바로 그때 말이 달려오는 소리가 들려왔다. 다아시와 빙리가 말을 타고 다가오고 있었다. 사람들 사이에서 자매들을 알아본 그들은 자매들 쪽으로 바로 다가와서 평소와 다름없이 예의 바른 대화를 이어갔다. 빙리 씨가 주로 말을 했고 제인이 주 이야기 대상이었다. 다아시 씨는 엘리자베스에게 시선을 고정시키지 않기로 마음 먹었는데, 바로 그때 갑자기 위컴이 시야에 들어왔다. 엘리자베스는 그 두 사람이 상대를 바라보는 시선 속에 짐짓 놀라움이 들어 있음을 눈치챘다. 두 사람 모두 안색이 변했는데 한 사람은 하얗게 질렸고 다른 한 사람은 벌겋게 달아 올랐다. 잠시 후 위컴 씨가 모자의 챙을 만지며 인사를 건넸고 다아시 씨도 응답했다. 과연 무슨 뜻일까? 상상할 수조차 없었다. 도저히 무슨 일인지 궁금해하지 않을 수가 없었다.

잠시 후, 무슨 일이 일어났는지 전혀 눈치채지 못한 빙리 씨가 친구와 함께 말을 타고 돌아갔다.

제16장

콜린스 씨와 다섯 사촌은 마차를 타고 적당한 시간에 메리턴에 도착했다. 그리고 자매들은 거실에 들어서면서 위컴 씨가 숙부의 초대를 받아들였다는 소식을 듣고 기뻐했다.

청년들이 도착했다. 위컴 씨가 들어왔을 때 엘리자베스는 한 번도 데이트를 한 적도 없고 생각도 해 본 적이 없는 사람을 자신이 까닭 없이 사모하고 있음을 느꼈다.

마침내 위컴 씨가 엘리자베스 옆자리에 앉았을 때 그녀는 최고로 행복한 여자였다.

카드 게임이 시작된 초반에는 끊임없이 재잘거리는 리디아가 위컴 씨를 독차지할 위험이 있어 보였다. 그러나 수다스러운 만큼이나 도박성 게임을 좋아하는 리디아였기에 금세 게임에 빠져들었다. 그래서 위컴 씨는 엘리자베스와 한가로이 이야기를 할 수 있었다. 그렇지만 엘리자베스는 진짜 듣고 싶은 이야기인 그와 다아시 씨와의 관계에 관해 듣게 될 수 있을 것이라고는 상상도 하지 않았다. 그러나 뜻밖에도 오히려 위컴 씨가 그 이야기를 꺼냈다. 메리턴과 네더필드의 거리가 얼마나 되는지를 묻더니 그 다음엔 다아시 씨가 네더필드에 머문 지 얼마나 되었는지를 물었다.

"한 달쯤 되었어요." 라고 엘리자베스가 대답했다.

"저보다 그 녀석에 대해서 더 많은 것을 알고 있는 사람은 없을 겁니다. 전 유아기 때부터 다아시 가와 친분이 있어 왔어요. 돌아가신 다아시 씨의 선친은 제게 편안한 삶을 보장하는 유산을 남기셨죠. 그분은 제 대부이셨어요. 저를 정말 좋아하셨죠. 그분이 제게 베푸신 친절은 이루 다 말로 할 수가 없어요. 제가 풍요롭게 살기를 원하셨고 그렇게 조치를 취하셨죠. 그러나 그분이 돌아가시고 난 후 제가 받아야 할 유산은 다른 사람이 가졌습니다."

"맙소사!" 엘리자베스가 소스라쳤다. "그렇지만 어떻게 그럴 수가 있나요? 어떻게 그분의 유언이 그렇게 무시될 수 있지요?"

"다아시와 전 서로 많이 달라요. 그래서 그가 저를 싫어하죠."

"정말 놀랍군요. 공개적으로 망신을 주어야 해요."

"언젠가 그럴 날이 오겠지요. 그렇지만 제가 직접 하지는 않을 겁니다. 그의 아버지를 기억하고 있는 한 그분께 누가 되는 일을 할 수는 없어요."

엘리자베스는 그의 그런 마음을 높이 샀다.

"그런데 다아시 씨가 그런 일을 한 동기가 무엇일까요? 무엇 때문에 그렇게 무자비한 일을 하게 되었을까요?"

"철저하게 저를 싫어해서이지요. 돌아가신 다아시의 선친께서 저를 덜 좋아하셨더라면 아마 그 아들이 이렇게까지 저를 싫어하지는 않았을 겁니다. 제 아버지는 다아시의 선친을 위해 모든 것을 다 바치셨고 펨벌리 사유지를 돌보는 일에 최선을 다하셨습니다. 다아시 선친은 그런 아버지의 충직을 높이 사시고 저에게 유산을 남기시기를 원하셨습니다. 제 아버지에 대한 감사의 뜻이자 저 개인에 대한 각별한 사랑의 뜻이었죠."

"정말 이상하네요! 정말 혐오스러워요! 그렇게도 오만한 체하는 다아시 씨가 당신에게는 의로운 모습을 보이지 못했다니!"

"가문의 명예에 누를 끼치지 않는 것처럼 보이는 것, 그리고 남들이 부럽게 쳐다보는 위치로부터 타락하지 않는 것, 또는 펨벌리 가의 영향력을 잃지 않는 것, 이 모든 것이 다 강력한 동기가 될 수 있죠. 그리고 오만함으로 그만한 사람이 또 없지 않습니까? 하긴 그의 그런 면모가 오빠로서는 참 좋은 오빠 역할을 하게 하는 것도 사실이죠."

"다아시 양은 어떤 아가씨인가요?"

그는 머리를 가로저었다. "그녀가 호감 가는 형이라고 말할 수 있으면 좋을 테지만 다아시 가문의 사람에 대해서 좋지 않게 말하려니 마음이 아픕니다. 그렇지만 그녀 역시도 오빠랑 똑같아요. 아주 많이 오만하죠. 캐서린 드 버그 부인이랑 앤 다아시 부인이 자매인 것은 아시지요? 그러니까 캐서린 드 버그 부인이 다아시 씨의 이모 되십니다."

"아뇨. 전 정말 몰랐어요."

"그분의 따님 드 버그 양은 대단한 재산을 물려받게 되죠. 그리고 드 버그 양은 사촌인 다아시 씨와 결혼하게 될 거고 그러면 엄청난 재산을 가진 두 사람의 결합이 되는 거죠."

그 이야기를 듣는 순간 엘리자베스는 빙리 양 생각에 웃음 지었다. 그 정도 눈치도 없으니 그녀의 사모하는 마음도 모두 허사인 것을.

제17장

　다음 날 엘리자베스는 위컴 씨로부터 들은 이야기를 제인에게 전했다.

　"두 분 모두 뭔가 오해가 있을 거야. 장담하건대 우린 뭔지 알 수 없어도 무언가 오해가 있음이 분명해. 아마 이해관계가 있는 사람들이 서로에게 잘못된 정보를 주었을 거야. 그 두 사람을 멀어지게 한 원인이나 정황들을 상상하는 것은 삼가자. 그러다보면 두 사람 중 한 사람을 분명히 비난하게 될 테니까."라고 제인이 말했다.

　정원에 있던 두 아가씨는 들어오라는 전갈을 받았다. 그들의 대화 주제였던 사람들이 도착했기 때문이었다. 빙리 씨와 그의 누이들이 모두가 고대하던 네더필드 무도회의 초청장을 전해 주러 온 것이었다. 다음 주 화요일이었다. 빙리의 두 누이들은 제인을 보고 매우 기뻐하면서 서로 만나지 못한 지가 오래되었는데 어떻게 지냈느냐고 묻고 또 물으며 법석이었다. 그렇지만 다른 가족들에게는 거의 신경 쓰지 않았다. 특히 베넷 부인은 가능하면 피하려고 애썼고 엘리자베스에게도 거의 말을 건네지 않았다. 나머지 가족들에게는 전혀 아무런 말도 건네지 않았다.

　네더필드 무도회에 대한 기대감은 베넷 가 여자들 모두를 들뜨게 했다. 베넷 부인은 이 무도회야말로 큰딸에 대한 찬사가 기정사실화되는 사건이라 믿었고 특히 형식적인 초대장이 아니라 빙리 씨로부터 직접 초대를 받은 데 대해 매우 자랑스럽게 생각했다. 제인은 자신의 두 친구들과 함께 어울려 저녁 시간을 보내면서 그녀들의 남자 형제의 관심을 받을 생각에 행복해했고, 엘리자베스는 위컴 씨와 오래오래 춤을 추면서 그 모습을 보고 다아시 씨가 지을 표정과 취할 행동을 상상하며 즐거워했다.

엘리자베스는 이번 일에 대한 기대감으로 날아갈 듯 기대에 부풀어 있었기 때문에 평소에는 콜린스 씨와 불필요한 대화를 나누지 않는 그녀임에도 불구하고 그에게 빙리 씨의 초대를 받아들일 것인지 물어보았다. 그리고 만약 그가 무도회에 간다면 성직자로서 무도회에 가는 것이 적절한 지 물어볼 생각이었으나 뜻밖의 대답을 듣고 놀랐다. 콜린스 씨는 무도회에 대해 그 어떤 거리낌도 없었다. 괜히 춤을 추는 모험을 했다가 대주교님이나 캐서린 드 버그 부인으로부터 책망을 들을까 걱정하는 마음 따위는 전혀 가지고 있지 않았다.

"춤이 나쁘다고 전혀 생각하지 않습니다. 그날 저녁 제 사촌 아가씨들 모두와 춤을 추는 영광을 누리고 싶군요. 특히나 지금 이 순간 그날 처음 두 곡은 엘리자베스 당신과 함께 춤을 추기를 청하고 싶습니다."

엘리자베스는 완전히 속은 것 같은 느낌이 들었다. 바로 그 두 곡을 위컴 씨와 함께 춤을 출 생각에 부풀어 있었는데 위컴 씨 대신 콜린스 씨라니! 그렇지만 거절할 수는 없었다. 어쩔 수 없이 위컴 씨와 그녀의 행복한 순간은 뒤로 미뤄질 수밖에 없어보였고 그녀는 최대한 상냥하게 콜린스 씨의 청을 받아들였다. 그의 정중한 청이 의미하는 더 깊은 의미가 무엇인가를 깨달은 그

녀는 더욱 마음이 착잡해졌다. 그전엔 몰랐던 것을 갑자기 알아
버린 것이다. 베넷 가의 딸들 중 바로 자신이 바로 헌스포드 사
제관의 사모로 점찍어져 있는 것이었다.

제18장

　엘리자베스가 네더필드의 거실에 들어서서 붉은 색 제복을 입은 장교들 사이에서 위컴 씨의 모습을 찾아봤지만 허사였다. 그제야 엘리자베스는 위컴 씨가 무도회에 나타나지 않을 수도 있다는 생각을 했다. 위컴의 친구 데니 씨가 그가 정말로 오지 않는다는 사실을 전해 주었다.

　처음 두 곡에 맞춰 춘 춤은 고통 그 자체였다. 더 이상 굴욕적인 춤은 있을 수 없었다. 콜린스 씨는 너무 엄숙한 표정에 서투르기 짝이 없었다. 발을 밟지 않도록 조심을 하는 대신에 밟고 나서 연방 사과만 해 댔고 엉뚱한 방향으로 움직이고도 잘못한지도 몰랐다. 엘리자베스는 너무나 창피하고 비참했다. 콜린스 씨의 손에서 벗어난 순간은 환희의 순간이었다.

　춤이 끝나자 그녀는 샬롯 루카스에게로 가서 이야기를 나누었는데 갑자기 다아시 씨가 말을 걸었다. 너무 깜짝 놀란 나머지 그녀는 자기도 모르게 그가 춤을 청하며 내민 손을 잡아버렸다.

　두 사람은 잠시 동안 아무 말도 하지 않았다. 엘리자베스 생각에 두 곡의 춤이 다 끝날 때까지 그들의 침묵은 계속될 것 같았고 그녀는 아무 말도 하지 않으리라 굳게 결심도 했다. 그렇지만 갑자기 다아시 씨에게 대답을 할 의무를 지우는 것이 오히려 그에게 더 큰 벌이 될 수도 있다는 생각이 들었다. 그는 대답했고 다시 침묵했다. 그녀는 그에게 두 번째로 질문을 던졌다.

그가 얼굴에 엷은 미소를 띠었다.

"춤을 출 때 반드시 말을 해야만 하는 건가요?"

"그렇죠. 이야기를 조금은 나눠야지요. 반 시간이나 함께 있으면서 아무 말도 하지 않으면 얼마나 어색하겠어요?"

그는 대답하지 않았고 그들은 춤이 다 끝날 무렵 그가 엘리자베스와 자매들이 메리턴까지 걸어가는 경우가 별로 없는지 물을 때까지 아무 대화도 없었다. 그녀는 그렇다고 대답을 하고 궁금한 마음을 참지 못하고 이야기를 꺼냈다. "그때 그곳에서 당신과 만났을 때 기억하시죠? 그때 저희 자매들은 막 누군가를 처음 만나서 인사를 나누고 있었어요."

다아시 씨가 길게 이야기를 늘어놓았다. 그리고 어색한 듯 말을 이어갔다. "위컴 씨는 유쾌한 사람이어서 친구를 잘 사귀죠. 잘 사귀는 것만큼 친구 관계를 잘 유지하는가는 의문이지만."

"당신과의 우정을 잃다니 그는 정말 운이 없는 거죠?" 엘리자베스가 강조하며 덧붙였다. "그리고 그 고통은 아마도 그가 평생 지고 가야 할 테죠."

다아시 씨는 대답하지 않았고 대화의 주제를 바꾸고 싶어 하는 것 같았다. 두 사람은 다음 춤을 추었고 아무 말도 하지 않고 헤어졌다.

그녀는 언니를 찾아갔다. 제인은 흐뭇한 미소로 동생을 반겨 줬다. 언니가 무도회를 얼마나 즐기고 있는지가 충분히 묻어나는 미소였다.

콜린스 씨가 다가왔다.

"우연히 새로운 사실을 알게 되었답니다. 이 무도회에 제 후원자의 가까운 친척이 있을 줄 누가 알았겠습니까? 이 무도회에서 캐서린 드 버그 부인의 조카를 만나게 될 줄이야! 정말 적절한 시간에 그 사실을 알게 되어 그에게 인사를 할 기회가 생겼으니 얼마나 다행인지 모르겠습니다. 바로 가서 인사를 해야겠습니다."

"다아시 씨에게 당신 소개를 하시려는 건 아니시겠지요?"

"아니라니요. 지금 막 그러려던 참이라고 하지 않았습니까?"

엘리자베스는 그를 막으려고 애썼다. 그에게 다아시 씨에게 직접 자신을 소개하면 다아시 씨는 그것을 이모님에 대한 예의라기보다는 경우 없는 방종이라고 생각할 거라고 설득했다.

살짝 목례를 하고는 콜린스 씨는 다아시 씨에게로 불쑥 다가갔다. 엘리자베스는 조바심을 내며 다아시 씨의 반응을 지켜보았다. 그가 매우 놀라하는 모습은 확연했다. 다아시 씨의 불쾌함은 콜린스 씨의 이야기가 길어지면서 급격하게 심해지는 것 같았다.

엘리자베스는 어머니가 루카스 부인에게 대놓고 공개적으로 제인이 곧 빙리 씨와 결혼할 거라고 이야기하는 것을 보고 짜증이 났다.

엘리자베스는 어머니의 빠른 말을 막아 보려고 또 행복에 들뜬 어머니 목소리를 속삭임으로 바꿔 보려고 무던히도 노력했지만 아무 소용이 없었다.

저녁 식사가 끝나고 노래를 듣는 것이 어떠냐는 제안이 나왔다. 청을 받지도 않았는데 메리가 노래할 준비를 하는 것을 보고 엘리자베스는 끔찍했다. 메리의 노래 실력은 이런 자리에서 노래를 하기엔 터무니없었다. 그녀의 목소리는 가늘고 노래하는 모양은 가식적이었다. 엘리자베스는 고통으로 몸서리쳤다. 엘리자베스는 아버지를 쳐다보면서 아버지가 나서서 메리가 밤이 새도록 노래하는 비극을 말려 주기를 바라는 눈길을 보냈다. 아버지는 눈치를 채시고는 메리가 두 번째 노래를 끝마쳤을 때 큰소리로 말씀하셨다. "정말 잘 했구나, 내 딸아. 우리 모두의 귀를 충분히 즐겁게 해 주었다. 이제 다른 아가씨들에게도 기회를 주려무나."

그 말을 들은 메리는 비록 못들은 척 했지만 적잖이 당황했다.

엘리자베스가 보기에는 그날 저녁은 가족 모두가 치부를 가능한 한 많이 드러내기로 약속이라도 한 것 같았다. 가족 모두가 마치 좀 더 분위기 있고 품위 있게 행동하는 것이 불가능한 사람들처럼 행동하고 있었다.

제2부

제19장

　다음날 아침 롱본은 새로운 국면을 맞았다. 콜린스 씨가 정식으로 청혼을 했다. 아침 식사가 끝난 지 얼마 안 되어 베넷 부인, 엘리자베스 그리고 엘리자베스의 동생들 중 하나를 보자마자 콜린스 씨는 베넷 부인에게 이렇게 말했다.

　"부인, 제가 부인의 아름다운 따님 엘리자베스와 오늘 아침 단둘이 이야기를 나누는 영광을 허락해 주시겠습니까?"

　엘리자베스의 얼굴이 달아올랐고 그 어떤 말도 미처 하기 전에 베넷 부인이 바로 대답했다. "물론이고 말고요. 우리 리지도 기뻐할 거예요." 그리고 물건들을 챙겨서 급히 떠나가려했다. 엘리자베스가 외쳤다.

　"어머니, 가지 마세요. 제발 가지 마세요. 콜린스 씨도 이해하실 거예요. 다른 사람들이 들어서는 안 될 이야기를 제게 하실 리가 있으시겠어요? 저도 이만 가볼게요."

　"안 된다. 말도 안 되지. 리지야. 꼼짝 말고 그 자리에 있어라."

　"믿어 주세요, 엘리자베스 양. 당신의 그런 겸손한 모습은 당신의 이미지를 해치기보다는 오히려 당신의 다른 완벽한 면모에 완벽을 더한답니다. 당신에게 그런 조금은 반항적인 이미지가 없었더라면 아마 당신이 조금은 덜 사랑스럽게 보였을지도 모르

54

겠습니다. 댁에 발을 들여놓던 순간 저는 당신을 제 미래의 동반자로 점찍었습니다. 제가 결혼하려는 이유의 첫 번째는 저같이 평화로운 삶을 사는 성직자는 자기 교구에서 결혼 생활의 모범을 보여야 한다고 생각해서 입니다. 그리고 두 번째 이유는 결혼을 통하여 제가 훨씬 더 행복해질 수 있다고 믿어서 입니다. 그리고 세 번째 이유는 미리 말씀드렸어야 하지만 사실 제 결혼은 제가 후원자라 부르는 영광을 가진 바로 그 귀부인께서 특별히 조언해 주시고 추천해 주신 바이기 때문입니다. 사랑스러운 아가씨들이 많은 제 마을을 두고 제가 롱본으로 신붓감을 찾으러 온 이유를 말씀드리죠. 사실 당신의 아버님이 돌아가시면, 물론 오래오래 사실 테지만, 제가 이 집을 상속받게 되어 있습니다. 그분의 따님들 중에 아내를 데려와야 제 마음이 편할 것 같습니다. 그래야 슬픈 일이 일어나게 될 때, 물론 아까 말씀드린 대로 그건 아직도 한참 남은 일이지만, 그때 그 분의 따님들이 경험하게 될 상실감을 조금이라도 보상할 수 있을 테니까요."

"너무 앞서가시네요." 엘리자베스가 말했다. "제가 답변을 드리지 않았다는 걸 잊으신 건 아니겠지요? 더 이상 시간 낭비 없게 제가 말씀드리지요. 제게 주신 칭찬에 대해서 감사드립니다. 당신께서 제게 하신 제안의 의미는 잘 알고 있습니다만 저는 거절할 수밖에 없습니다."

콜린스 씨가 격식 차린 손짓으로 답했다. "숙녀들은 사실 청혼을 받아들일 생각이면서도 처음에는 거절하는 것이 보통이라는 것을 모르지 않습니다. 따라서 당신이 지금 한 말에 전혀 낙담하지 않겠습니다. 머지않아 당신과 주례 앞에 서게 되기를 희망합니다."

"제 거절은 명백한 진심이에요. 당신은 절 행복하게 만들어 주실 수 없고 저 역시도 절대로 당신을 행복하게 만들어 드릴 수 없어요."

"다음번에 이 문제로 당신과 대화를 나누게 될 때는 지금 주신 대답보다는 조금 더 호의적인 대답을 기대하겠습니다."

"정말이에요, 콜린스 씨," 엘리자베스가 조금은 다정하게 말했다. "저를 매우 당황하게 하시는군요. 지금까지 제가 드린 말씀이 당신께 기운을 실어 드리는 이야기로 들으신다면 전 정말 어떻게 해야 제 거절을 거절로 받아들이시도록 거절을 할지 정말 난감하네요."

"훌륭하신 당신의 부모님 두 분 모두가 허락하신다면 제 청혼이 받아들여지지 않을 것이라고는 생각하지 않습니다."

엘리자베스는 대답하지 않고 즉시 침묵하며 자리를 떴다. 엘리자베스는 그가 계속해서 자신의 거절을 거절로 받아들이지 않으면 아버지께 도움을 청하리라 결심했다. 아버지가 단호하게 거절하시면 아버지의 거절은 적어도 우아한 숙녀들이 아닌 척하며 추파를 던지는 것으로 착각을 일으키지는 않을 것이기 때문이었다.

제20장

베넷 부인은 복도에서 두 사람이 나오기를 기다리며 서성거리고 있었다. 엘리자베스가 문을 열고 나와서 빠른 걸음으로 베넷 부인을 지나쳐 위층으로 올라가자마자 베넷 부인은 식당으로 들어가서 콜린스 씨와 스스로가 이 기쁜 경사로 가까운 사이가 된 것을 축하했다. 콜린스 씨는 엘리자베스와 나눈 이야기를 베넷 부인에게 들려 주었다.

베넷 부인은 그 이야기를 듣고 깜짝 놀랐다.

"그렇지만 제 말을 믿으세요, 콜린스 씨. 리지는 분명 마음을 돌릴 거예요. 제가 직접 리지에게 이야기를 할게요. 매우 고집스럽고 어리석은 아이라 제가 그 아이에게 직접적으로 말을 해주지 않으면 자기가 뭘 좋아하는지 모르는 아이랍니다."

그녀는 남편에게 곧바로 달려가서 서재에 들어서자마자 외쳤다. "아, 여보. 제 말 좀 들어 보세요. 큰일이 났어요. 지금 빨리 오셔서 리지에게 콜린스 씨와 결혼하라고 하세요. 글쎄, 리지가 콜린스 씨의 청혼을 거절했다지 뭐예요. 당신이 빨리 서두르시지 않으면 콜린스 씨 마음이 바뀔지도 몰라요. 어서요."

베넷 씨는 읽고 있던 책에서 눈을 떼고 아무렇지도 않은 듯 아내의 얼굴에 시선을 고정하고 있었고 그녀의 이야기를 듣고도 전혀 미동하지 않았다.

"당신이 직접 리지에게 말씀하셔야 해요. 그 애에게 콜린스 씨와 결혼하라고 하세요."

"이리 오렴, 리지야." 엘리자베스가 들어오자 아버지가 말했다. "중요한 일로 너를 불렀단다. 콜린스 씨가 청혼을 했다는데 사실이냐?" 엘리자베스는 그렇다고 대답했다. "그렇구나. 그리고 그의 청혼을 너는 거절했고?"

"네, 아버지."

"그래. 이제 본론을 말할 차례구나. 너의 어머니는 네가 청혼을 받아들여야 한다고 주장하신단다. 그렇지요, 부인?"

"네. 그렇지 않으면 전 다시는 엘리자베스를 보지 않을 거예요."

"불행한 선택이 네 앞에 놓여 있구나, 엘리자베스. 오늘부터 넌 부모 중 한 사람과는 남남이 되어야 겠다. 너의 어머니는 네가 콜린스 씨와 결혼하지 않으면 널 다신 보지 않겠다고 하는데 난 네가 그 사람하고 결혼하면 다신 널 보지 않겠다."

남편이 자기 뜻과 같이 할 거라고 믿고 있었던 베넷 부인은 매우 실망했다.

가족이 이런 혼란 속에 있는 동안 샬롯 루카스가 놀러 왔다. 리디아와 복도에서 마주쳤는데 리디아가 속삭이듯 말했다. "언니, 잘 왔어요. 정말 재미있는 일이 있지 뭐예요. 오늘 아침에 무슨 일이 일어났는지 알아요? 콜린스 씨가 리지 언니한테 청혼했는데 리지 언니가 거절했어요."

제21장

그 다음날도 베넷 부인의 불쾌함과 건강 악화는 누그러질 줄을 몰랐다. 콜린스 역시 분노에 찬 오만함에서 벗어나지 못했다. 엘리자베스는 그가 분노를 참지 못하고 빨리 떠나 주기를 바랐지만 그는 계획대로 끝까지 머물렀다. 처음부터 토요일에 떠날 예정이라고 했는데 여전히 토요일까지 머물겠다고 했다.

아침 식사 후, 자매들은 위컴 씨가 돌아왔는지 알아보려고, 또 만약 그렇다면 네더필드 무도회에서 그를 못 본 것이 얼마나 아쉬웠는지 이야기하려고 메리턴으로 걸어갔다. 가는 길에 위컴 씨를 만나게 되었다. 함께 메리턴으로 걸으면서 위컴은 네더필드 무도회에 빠진 데 대한 그의 아쉬움과 또 무도회에서 모두 어땠는지에 대한 관심을 두루 쏟아냈다. 그렇지만 엘리자베스에게만은 자의로 무도회에 불참했던 것이라고 묻지도 않은 속내를 은근히 털어놨다.

집으로 돌아왔을 때 베넷 양 앞으로 편지가 한 통 도착했다. 네더필드에서 온 것이었다. 제인은 즉시 편지를 열어 봤고 엘리자베스는 편지를 읽어 내려가는 언니의 안색이 바뀌는 것을 보았다. 언니는 어느 특정한 구절을 계속 읽고 있는 것 같았다.

"캐롤라인 빙리로부터 온 편지야. 정말 놀랄 소식이야. 지금쯤이면 모두 네더필드를 떠나고 없을 거래. 런던으로 간대. 그리고 다시 돌아올 계획은 없대. 여기 특히 나에게 상처가 되는 문단이 있는데 읽어 줄게."

"다아시 씨가 여동생을 몹시 보고 싶어 해요. 그리고 사실, 우리도 그녀를 다시 만나기를 고대하고 있어요. 조지아나 다아시는 미모나, 우아함이나, 업적 그 무엇으로도 필적할 만한 상대가 없는 것 같아요. 그리고 그녀가 언니나 제게 보여 주었던 호의는 정말 그녀와의 다음 만남을 기대하게 해요. 그리고 우린 그녀가 언젠가 우리의 가족이 되기를 희망해 보기도 한답니다."

"이 부분에 대해서 어떻게 생각해, 리지야?" 문단을 다 읽어 준 제인이 물었다.

"빙리 양은 자기 오빠가 언니랑 사랑에 빠진 걸 알면서도 오빠가 다아시 양이랑 결혼하기 원한다 이거지? 빙리 양은 오빠를 런던에 계속 머물게 하려고 런던으로 따라간 거고 언니로 하여금 빙리 씨가 언니를 사랑하지 않는다고 믿게 하려는 속셈이네."

"그런데, 언니. 정말 내 말 믿어야 해. 언니랑 빙리 씨가 함께 있는 걸 본 사람이라면 누구나 그 사람이 언니를 사랑한다는 걸 알 수 있어."

"그렇지만, 엘리자베스야. 아무리 잘될 거라고 생각한다고 쳐도 어떻게 내가 가족이며 친구 모두로부터 다른 여자랑 결혼해야 한다는 충고를 받고 있는 남자와 결혼해서 행복할 수가 있겠니?"

"언니가 결정을 해야 해." 엘리자베스가 말했다. "심사숙고를 해서 만약 그의 누이 둘을 불쾌하게 하는 고통이 그의 아내가 되는 기쁨보다 크다면 그 사람하고 결혼하지 마."

"어떻게 그렇게 말할 수 있니?" 제인이 말했다. "그가 올 겨울에 돌아오지 않는다면 내 결정은 아무 소용도 없지 않니. 6개월이면 수천 가지 일이 일어날 수 있는 시간이야!"

자매는 베넷 부인이 빙리 씨의 행보에 대해서는 걱정하지 않도록 그냥 빙리 가족이 런던으로 갔다는 얘기만 어머니에게 하기로 했다. 그렇지만 이 부분적인 소식에도 베넷 부인의 걱정은 심했다. 그렇지만 한동안 슬퍼하던 베넷 부인은 빙리 씨가 곧 다시 돌아와서 롱본에서 식사를 할 거라며 위안을 삼았다.

제22장

　베넷 가는 루카스 가와 저녁 시간을 함께 보냈다. 그리고 함께
한 시간 내내 루카스 양은 콜린스 씨의 이야기를 귀 기울여 듣는
친절함을 보였다. 샬롯의 그러한 친절의 의미는 엘리자베스로서
는 도저히 상상할 수 없는 것이었다. 루카스 양은 콜린스 씨의
관심을 독차지하려고 애쓰고 있는 것이었다. 그것이 루카스 양
의 계획이었다. 그리고 그녀의 그런 계획은 만약 콜린스 씨가 너
무 빨리 교구로 돌아가지만 않는다면 성공할 수도 있을 것 같았
다. 그렇지만 그것은 그의 성격을 모르는 그녀의 괜한 조바심이
었다. 바로 그 다음날 콜린스 씨는 롱본 하우스를 놀랠 만큼 교
묘하게 빠져나가 루카스 가족의 집으로 달려가 샬롯의 발 앞에
무릎을 꿇었다.

　콜린스 씨가 장황한 말을 늘어놓은 후에 두 사람 모두가 만족
할 만한 합의가 이루어졌다. 단지 결혼이 성사되기만 바라는 냉
담한 희망만을 갖고 있는 루카스 양은 얼마나 빨리 결혼이 이루
어지든지에 대해서는 상관이 없었다.

　그들은 윌리엄 루카스 경과 루카스 부인의 승낙 여부를 물었
고 부부는 기뻐하며 즉시 승낙했다. 콜린스 씨의 현재 신분은 아
무것도 유산으로 남겨 줄 것이 없는 딸에게 가장 적합한 상대가
되기에 충분했고, 콜린스 씨의 미래의 재산까지 생각하면 매우

흡족했다. 루카스 부인은 전에는 관심도 없던 베넷 씨의 수명이 몇 년이나 남았는지를 바로 계산해 보기 시작했다. 이것이 바로 좋은 교육을 받았지만 재산은 없는 아가씨가 선택할 수 있는 유일한 대책이었으며 비록 얼마나 행복할지에 관해서는 도박일지 몰라도 궁핍으로부터 자신을 보호할 수 있는 가장 안전한 방법이었다. 이 문제에 관해서 불편할 만한 상황은 엘리자베스 베넷이 이 소식을 듣고 놀랄 모습뿐이었다.

다음날 아침 일찍 가족들을 못 보고 떠날지도 모를 콜린스 씨는 자매들이 방으로 들어가기 전에 작별 인사를 나눴다. 베넷 부인은 매우 친절하게 진심을 담아서 가능한 한 빨리 다시 롱본을 방문해 달라고 청했다.

"친애하는 부인," 그가 대답했다. "제가 정말 받고 싶던 초청을 해 주시니 대단히 감사합니다. 가능한 한 빨리 다시 오겠습니다."

모두 놀랐다. 콜린스 씨를 빠른 시간 내에 다시 보고 싶은 마음이 전혀 없는 베넷 씨가 바로 말했다.

"그렇지만 캐서린 부인의 허락을 얻기가 쉽지 않을 텐데. 후원자의 마음을 상하게 하는 일이 있으면 안 되니 친척들보다는 후원자를 우선 생각해야 하지 않겠나."

"어르신," 콜린스 씨가 답했다. "그렇게 걱정해 주시니 감사합니다. 그렇지만 제가 그분의 협조 없이 그런 중요한 일을 결정하지는 않으니 걱정하시지 않으셔도 됩니다."

베넷 부인은 콜린스 씨의 대답을 그가 자신의 어린 딸들 중 한 명에게 청혼하겠다는 뜻으로 받아들였다. 그렇지만 바로 그 다음날 아침, 그녀의 그러한 모든 소망은 산산이 부서졌다. 루카스 양이 아침 식사 직후에 방문했고 엘리자베스와의 대화 속에서 그 전날 있었던 일을 털어놓았다.

"콜린스 씨랑 약혼했다고! 샬롯, 말도 안 돼!"

"네 기분이 어떨지 알아." 샬롯이 대답했다. "난 단지 편안한 집을 원할 뿐이야. 그리고 콜린스 씨의 성격이나 인맥이나 여러 상황들을 미루어 내가 그와 행복할 확률을 따져 본다면 다른 어떤 사람들이 결혼을 앞두고 새로운 미래에 대해서 꿈꾸는 그것과 전혀 다르지 않다고 봐."

샬롯은 그리 오래 머물지 않았다. 엘리자베스는 방금 들은 말에 대해서 혼자 생각에 빠졌다. 콜린스 씨가 사흘 안에 두 번이나 청혼을 했다는 것은 그의 청혼이 받아들여졌다는 사실에 비하면 아무것도 아니었다. 샬롯이 세속적인 이유로 행복을 희생했다고 생각하니 믿을 수가 없었다.

제23장

윌리엄 루카스 경이 딸의 부탁을 받고 샬롯의 약혼 사실을 알리러 찾아왔다. 그가 이야기를 꺼냈고 베넷 가 사람들은 단순히 놀라는 정도가 아니라 전혀 믿지를 못했다. 베넷 부인은 예의는 잊은 채 분명 뭔가 착오가 있다고 끈질기리만큼 계속해서 주장했다.

그 어떤 것도 베넷 부인을 위로하지도 그녀의 슬픔을 가라앉혀 주지도 못했다. 하루 종일 그녀의 분노는 가라앉을 줄을 몰랐다. 엘리자베스를 볼 때마다 야단치는 것도 일주일이나 계속되었다. 키티와 리디아는 겨우 성직자밖에 안 되는 남자랑 결혼하는 샬롯을 전혀 부러워하지 않았다.

루카스 부인은 딸을 좋은 혼처와 결혼시키는 어머니의 안심된 마음을 베넷 부인에게 말하며 보복했고 그 사그라질 줄 모르는 기쁨에 즐거워했다. 그녀는 평소보다 훨씬 더 자주 롱본에 들려서 얼마나 행복한지 이야기했다.

제인은 캐롤라인에게 서둘러 답장을 했고 다시 소식을 듣게 될 날을 손꼽아 기다렸다. 콜린스 씨로부터 감사의 편지는 화요일에 도착했다.

콜린스 씨는 2주 후 월요일에 어김없이 도착했다. 그렇지만 베넷 가 사람들은 이번에는 처음 그가 방문했을 때처럼 예의를 차려 반겨 주지는 않았다. 그는 매일 대부분의 시간을 루카스 가의 집에 가서 보냈다.

베넷 부인은 정말 비참했다. 샬롯이 방문할 때마다 베넷 부인은 샬롯이 롱본을 차지할 날을 기대하고 있다고 결론지었다. 이 모든 것을 남편에게 씁쓸하게 불평했다.

"여보, 그런 우울한 생각은 그만 두시오. 좀 더 나은 생각을 가져 봅시다. 내가 콜린스보다 더 오래 살 수도 있지 않겠소?"

제24장

 빙리 양의 편지가 도착했고 그녀의 편지는 제인의 모든 기대
감에 종지부를 찍어 주었다. 제일 첫 문장에서 그들이 겨울 동안
머물 런던에 잘 정착했음을 확인시켜 주고 있었다.

 희망은 끝이 났다. 완전히 끝났다. 편지의 나머지를 읽는 동안
빙리 양의 공공연한 호의 표현을 제외하면 그 어떤 것도 위안을
주는 말을 발견할 수 없었다. 다아시 양에 대한 칭찬이 편지 내
용의 대부분이었다.

 제인은 엘리자베스에게 이 모든 내용을 이야기했고 엘리자베
스는 조용히 분노했다. 엘리자베스는 자기 오빠가 다아시 양에
게 관심이 있다는 캐롤라인의 주장은 전혀 믿지 않았다. 빙리 씨
가 제인을 정말로 좋아한다는 데는 의심의 여지를 전혀 두지 않
았다. 그를 항상 좋게 생각했었던 마음만큼이나 그가 선한 성품
때문에, 적절한 해결책이 없는 이 상황 속에서, 그가 마치 친구
들의 계획적인 모략에 노예가 된 듯 주변 사람들의 일시적인 변
덕에 스스로의 행복을 희생시키고 있다고 생각하니 분노와 모욕
감이 더 치밀어 올랐다.

 "아, 우리 어머니가 좀 자제를 해 주시면 얼마나 좋을까! 어머
니가 계속 그 사람 이야기를 하시는 것이 내게 얼마나 큰 고통인
지 도저히 모르시겠지. 그렇지만 이제 불평하지 않을래. 계속 이

럴 순 없지. 잊어버릴 거야. 그를 알기 전으로 돌아갈 거야."

제인은 더 단호한 목소리로 말을 이어갔다. "마음이 바로 진정이 되네. 그냥 내 착각이었던 거야. 나 혼자만 잠깐 괴로우면 돼."

"언니!" 엘리자베스가 말했다. "언니는 너무 착해. 언니의 그 착하고 사욕 없는 마음은 정말 천사 같아. 언니한테 무슨 말을 해야 할지 모르겠어. 언니는 세상 모든 사람이 다 좋은 사람이라고 생각하지. 그래서 내가 남에 대해 나쁘게 이야기할 때 마음 상해하곤 하지. 난 언니만큼 좋은 사람을 본 적이 없어. 세상엔 내가 정말 사랑하는 사람이 많지 않아. 그리고 정말 좋은 사람이라고 생각하는 사람은 더 없어. 매일 살면 살수록 인간 본성의 모순에 대한 내 믿음을 확인하게 돼. 겉모양이나 상식에 의존해서는 사람 속마음은 정말 알 수 없는 것 같아. 난 최근에 두 가지 경험을 했어. 하나는 말하고 싶지도 않고 나머지 하나는 샬롯의 결혼이야. 정말 말도 안 돼. 정말 모든 면에서 말이 안 돼!"

"아, 리지야. 그런 생각하지 마. 그런 생각들은 너의 행복을 파괴할 거야. 상황이나 성향들에 따라 생각이 다를 수 있다는 걸 생각해야지. 콜린스 씨의 명망과 샬롯의 차분하고 현명한 성품을 생각해 봐. 이젠 샬롯이 우리 대가족의 한 사람이라는 걸 잊지 마. 그리고 재산을 생각한다면 그보다 더 좋은 결혼은 없지. 그리고 우리 모두를 위해서 샬롯이 우리 사촌에 대한 존경심과 자부심을 가지고 있다고 생각하도록 해 봐."

"언니, 콜린스 씨는 자만심에 가득 차서 허풍 떠는 속 좁고 어리석은 남자야. 언니도 잘 알잖아. 언니도 분명히 느끼고 있을 것 아냐. 그 남자랑 결혼하는 여자는 생각이 제대로 된 사람이 아니라는 걸 말이야. 그런 여자를 두둔하지 마. 그게 샬롯 루카스라 하더라도 말이야."

"두 사람에 대한 너의 말투가 너무 거칠구나." 제인이 대답했다. "그렇지만 이제 그 얘기는 그만하자. 너 방금 다른 뭔가에 대해서 말했었지. 두 가지 경우를 봤다고. 너를 이해 못하는 것은 아니지만 너에게 부탁할게, 리지야. 제발 빙리 씨는 비난을 받아야 마땅하다고, 그에 대한 네 믿음이 무너졌다고 말해서 내 마음을 아프게 하지 말아 줘. 젊은 남자가 항상 신중하고 조심성 있을 수는 없지. 많은 경우에 우리를 속이는 것은 다름 아닌 우리 자신의 허영심이야. 사랑받고 있다고 믿는 여자는 실제보다 더 부풀려 상상을 하곤 하니까. 난 그 사람의 의도를 오해했던 걸 부끄럽게 생각하지 않아. 아니, 적어도 그렇게 생각하는 편이 그 사람이나 그의 누이들에 대해서 나쁘게 생각하는 것보다는 훨씬 나아. 좋게 생각할 거야. 다 이해할 수 있도록 좋게 생각할래."

엘리자베스는 언니의 그런 바람을 무시할 수는 없었다. 그리고 그 순간부터 빙리 씨의 이름은 두 사람의 대화 속에 등장하는 일이 없어졌다.

위컴 씨와 가까이 하는 것은 롱본 가의 많은 사람들을 우울함 속에 빠지게 했던 최근의 불행한 사건들의 흔적을 지우는 데 중요한 역할을 했다. 그들은 그를 자주 만났고 그는 항상 솔직했고 그의 솔직함은 그의 다른 장점들과 더불어 그를 더 좋은 사람으로 보이게 했다. 전에는 엘리자베스만 알고 있는 그 모든 사건 ― 다아시 씨 때문에 그가 고통을 받은 그 일 ― 이 모두에게 알려졌고 베넷 가 사람들은 공개적으로 그 문제에 대해 이런저런 이야기를 나누곤 했다. 그들은 자기들이 이 사실을 알기 전부터도 다아시 씨를 싫어했다는 사실을 두고 본인들의 판단이 옳았음에 흡족해 했다.

제25장

사랑의 고백과 행복에 대한 계획으로 일주일을 보낸 콜린스 씨는 토요일이 되자 사랑스러운 샬롯을 떠나 교구가 있는 집으로 돌아갔다.

그 다음 월요일 베넷 부인의 남동생 부부가 여느 해와 다름없이 올해도 롱본에서 크리스마스를 맞으러 왔다. 가디너 씨는 분별력 있는 신사로 교육 수준뿐만 아니라 성품에 있어서도 누나보다 훨씬 뛰어났다. 가디너 부인은 베넷 부인이나 필립스 부인보다 몇 살 연하였는데 사랑스럽고 지적이고 우아한 여성으로 롱본 가의 조카들이 매우 좋아하는 외숙모였다.

가디너 부인이 가져온 선물을 전부 나눠 주고 최신 유행하는 패션에 대해서 전해 주고 난 후의 그녀의 역할은 조금 덜 능동적인 것이었다. 이제 그녀가 베넷 부인의 말을 들어줄 차례였다.

엘리자베스와 단둘이 남게 된 가디너 부인이 들은 바에 대해서 이야기를 했다. "그 빙리라는 사람은 제인에게 잘 맞는 짝이었던 것 같구나. 우리가 제인을 데려가면 어떨 것 같니? 환경이 바뀌면 기분이 나아지지. 아마도 집에서 잠시 떠나 있는 것이 많이 도움이 될 것 같은데 네 생각은 어떠니?"

엘리자베스는 그 제안에 매우 기뻤고 언니도 기꺼이 암묵적인 동의를 할 것이라 확신했다.

"그 청년이 런던에 있다는 사실이 제인의 결정에 영향을 주지 않았으면 좋겠구나. 우린 런던의 매우 다른 쪽에 살아. 우리와 어울리는 사람들은 전혀 다른 사람들이거든." 가디너 부인이 말했다.

제인은 외숙모의 초대를 기쁘게 받아들였다. 이제는 그 어떤 상황에서도 빙리 가의 사람들을 한꺼번에 생각하지 않는 제인이었지만, 빙리 씨가 빙리 양과 한집에 머물고 있지 않기에 런던에 가면 빙리 씨와 마주칠 위험 없이 아침 시간을 때때로 빙리 양과 함께 보낼 수도 있지 않을까 희망해 보았다.

가디너 부부는 롱본에서 일주일을 머물렀는데 필립스 가, 루카스 가, 그리고 장교들과 함께 어울리느라 쉴 날이 하루도 없었다. 집에 있는 날은 장교들 중 몇 명이 꼭 찾아왔는데 그 중 위컴 씨는 항상 끼어 있었다. 그럴 때마다 가디너 부인은 엘리자베스가 위컴에게 베푸는 따뜻한 호의에 의구심을 가지며 그 두 사람을 면밀히 관찰하였다.

제26장

엘리자베스와 단둘이 있게 되자마자 가디너 부인은 되도록 부드럽게 엘리자베스에게 주의를 주었다.

"정말 얘야, 네가 조심을 해 줬으면 좋겠구나. 부디 위컴 씨와 사랑에 빠진다거나 사랑에 빠지려고 노력을 한다거나 하지 말아다오. 자칫 행복을 찾아 한 일이 경솔한 일이 되어 버릴 수도 있을 것 같구나. 너무 많은 상상으로 이성을 잃지 말기 바란다. 넌 분별 있는 아이잖니. 우리 모두 네가 너의 그 분별력을 잃지 않기 바란다."

"지금 위컴 씨와 사랑에 빠져 있는 거 아니에요. 정말 아니에요. 그렇지만 그 사람은 제가 보아 온 그 어떤 사람보다도 괜찮은 사람인 것은 사실이죠. 그러므로 외숙모께 지금 제가 드릴 수 있는 약속은 너무 성급하게 굴지 않겠다는 것뿐이에요. 조급한 마음으로 뭔가 확실하지도 않은데 그가 절 좋아한다고 믿어버리지 않을게요."

엘리자베스가 외숙모에게 신경 써 줘서 감사하다는 인사를 마치고 두 사람은 흩어졌다.

가디너 씨와 제인이 떠나고 얼마 되지 않아 콜린스 씨가 돌아왔다. 그렇지만 이번에는 루카스 씨 댁에 머물렀기 때문에 그가 허트포드셔를 방문한 것이 베넷 부인에게 불편함을 끼치지는 않았다. 목요일이 결혼식이었고 수요일에 루카스 양이 작별 인사를 하러 왔다. 엘리자베스는 자기 어머니가 무뚝뚝하게 주저주저하며 전하는 축하의 말이 부끄러웠기에 자기는 진심으로 마음을 다해 샬롯을 배웅하러 나왔다. 함께 아래층으로 내려가면서 샬롯이 말했다.

"부탁이 하나 있어. 나를 만나러 와 줄래? 우리 아버지와 마리아가 3월에 나를 보러오실거야. 그 때 함께 오겠다고 약속해 줘."

엘리자베스는 비록 그 방문이 즐거울 것 같지 않지만 거절할 수 없었다.

결혼식이 치러졌고 신랑 신부는 켄트로 떠났다. 엘리자베스는 곧 샬롯의 편지를 받았다. 엘리자베스는 그러나 더 이상 옛날의 친근함은 존재하지 않는다는 느낌에서 벗어날 수가 없었다. 그래도 지금 느낌보다는 예전의 우정을 생각해서 답장을 늦추지는 않았다.

제인으로부터 런던에 무사히 도착했다는 편지가 도착했다. 제인은 빙리 양을 만나고 와서 또 편지를 보내왔다. "나는 캐롤라인을 만나는 일을 유쾌하게 생각하지 않았었어." 제인의 편지에 이렇게 쓰여 있었다. "그렇지만 캐롤라인은 날 매우 반갑게 맞아주었어. 오빠에 대해서 물론 물어봤지. 잘 있다는데 다아시 씨랑 너무 바쁘게 지내서 자기들도 얼굴을 거의 못 봤대."

4주가 지나갔고 여전히 제인은 빙리 씨를 만나지 못했다.

"내 사랑하는 동생 리지는 판단이 분명하니까 날 위해 도저히 가만히 있지 못하겠지. 내가 빙리 양이 나를 존중한다고 생각했던 건 완전히 속은 거라고 고백한다면 말이야. 빙리 씨가 나를 조금이라도 생각한다면 우리는 이미 벌써 만났어야 해. 빙리 양이 하는 말을 들어 보면 빙리 씨는 내가 런던에 있다는 걸 분명히 알아. 그런데 빙리 양의 말하는 태도를 보면 빙리 씨가 다아시 양을 정말로 사랑한다고 우기는 것 같아. 정말 이해할 수가 없어. 내가 신랄한 비판을 싫어하지만 않는다면 이 모든 일에 굉장한 이중성이 있다고 말하고 싶을 거 같아."

이 편지는 엘리자베스를 고통스럽게 했다. 그렇지만 제인이 이제 다시 속지 않을 것이라 생각하고 생기를 찾았다. 빙리 씨에 대한 기대감은 이제 완전히 무너졌다.

가디너 부인은 엘리자베스에게 위컴 씨에 관해 한 약속을 상기시키면서 어떻게 진행되고 있는지를 물어보았다. 위컴 씨의 그토록 분명했던 엘리자베스에 대한 호의는 가라앉았고 그는 그녀에겐 더 이상 관심도 보이지 않았다. 이제 그는 다른 아가씨를 따라다니고 있었다. 갑자기 만 파운드를 손에 쥐게 된 아가씨 킹 양이야말로 그로서는 호의를 베풀만한 가장 멋진 매력의 대상인 것이었다.

가디너 부인에게 답장을 썼다. 그동안의 상황에 대해 모두 설명한 후 엘리자베스는 계속 써 내려갔다. "외숙모, 전 이제 확신해요. 전 한 번도 사랑에 빠져 본 적이 없어요. 제가 정말 사랑이라는 순수하고 기분 좋은 정열을 가지고 있었더라면 지금 위컴이라는 이름에 진저리가 나야 하고 그를 저주해야 하는데 전혀 그렇지 않거든요."

제27장

　더 이상 별다른 사건 없이 롱본 가의 1월과 2월은 지나갔다.
3월은 엘리자베스가 헌스포드를 방문하기로 되어 있는 때였다.
그 여행길에 제인도 만날 수 있을 것이다. 그녀는 윌리엄 경과
그의 둘째 딸과 함께 떠나기로 했다.

　겨우 24마일의 짧은 여행이었고 엘리자베스와 그 일행은 아
주 일찍 길을 나섰기 때문에 그레이스처어치 스트리트에 정오쯤
도착했다. 가디너 씨의 집 앞에 마차가 도착했을 때 제인은 거
실 창문으로 그들이 도착하는 것을 보고 있었다. 그들이 복도에
들어서는 순간 제인은 엘리자베스와 일행을 환영했다. 유쾌하게
하루가 흘러갔다. 아침에는 소란스럽게 쇼핑을 했고 저녁 시간
은 극장에 가서 연극을 보았다.

　엘리자베스는 그때 일부러 외숙모 옆에 가서 앉았다. 그들의
첫 번째 대화 주제는 제인이었다. 엘리자베스의 사소한 질문에
대한 대답으로 돌아온, 제인이 항상 기운을 잃지 않으려고 노력
하지만 자꾸 낙담에 빠지곤 한다는 말을 듣고 놀랍기보다는 슬
펐다.

　가디너 부인은 위컴으로부터 버림받은 조카를 살짝 놀렸다.
그리고 그 분을 잘 참고 있다고 칭찬해 주었다.

　"그렇지만 사랑하는 엘리자베스야," 그녀가 말을 이었다. "그

위컴이 따라다닌다는 킹 양은 어떤 아가씨니? 위컴 씨가 돈을 목적으로 그녀를 좋아한다니 참 유감이구나."

"외숙모, 제발이요. 도대체 결혼에 있어서 돈을 목적으로 하는 결혼이나 진중한 동기를 가지고 하는 결혼이나 차이점이 뭐예요? 도대체 어느 선에서 진실함은 끝이 나고 탐욕이 시작되는 거죠? 지난 크리스마스 때 숙모는 제가 신중하지 못한 판단으로 그와 결혼할까 봐 걱정하셨잖아요. 그리고 지금은 그가 만 파운드 밖에 안 가진 아가씨랑 결혼하려고 한다고 그를 돈밖에 모른다고 비난하시네요."

연극이 끝나고 두 사람이 자리에서 일어나기 전에 엘리자베스는 외삼촌 부부와 기분 전환 여행을 하면서 여름을 보내자는 외숙모의 제안을 받고 뜻밖의 행복감을 느꼈다.

"얼마나 멀리까지 여행을 할지는 아직 정하지 않았단다." 가디너 부인이 말했다. "아마도 호수 지방까지 가게 될 듯싶다만."

그 어떤 계획도 엘리자베스에게 더 큰 만족을 줄 수는 없었다. 그녀는 기꺼이 그리고 감사하며 초대를 받아들였다. "아, 존경하는 외숙모," 기뻐서 어쩔 줄 모르며 외쳤다. "외숙모가 제 삶에 기운을 불어넣어 주시네요. 실망과 우울함과는 안녕이에요. 바위와 산들에 비교하면 젊은 남자가 다 무슨 소용이겠어요?"

제28장

　다음 날 엘리자베스에게는 여행의 모든 것이 새롭고 신기하게 느껴졌다.

　헌스포드로 가는 좁은 길에 들어섰을 때, 마차에 탄 모든 사람은 사제관이 어디 있는지 길이 굽어질 때마다 목을 빼고 찾아보았다.

　드디어 사제관이 시야에 들어왔다. 콜린스 씨와 샬롯이 문 앞에 마중을 나왔다. 엘리자베스는 사촌의 태도가 결혼한 후에도 전혀 변하지 않은 것을 바로 알아볼 수 있었다. 그의 격식 차리며 점잔 빼는 모습이 예전과 꼭 같았다. 그는 문 앞에서 모든 가족들의 안부를 하나씩 다 물으면서 예의를 차렸다.

　콜린스 씨가 듣기에 상당히 민망할 만한 발언을 할 때마다, 물론 아주 빈번한 일은 아니었지만, 엘리자베스는 샬롯을 쳐다보았다. 한두 번쯤은 샬롯의 얼굴이 엷게 빨개졌지만 대부분의 경우 샬롯은 일부러 듣지 않고 있었다. 콜린스 씨는 정원에서 산책을 하자고 제안했다. 정원에서 그는 이리저리 안내하면서 손님들이 찬사의 말을 건넬 시간도 주지 않고 정원의 구석구석까지 혼자서 모두 설명했기 때문에 정원의 아름다움은 도무지 감상할 수가 없었다.

　엘리자베스는 캐서린 부인이 댁에 머물고 있다는 이야기를 이미 들어 알고 있었는데, 저녁 시간에 콜린스 씨가 들어와 앉더니 다시 한 번 말했다.

"엘리자베스 양. 돌아오는 일요일에 교회에서 캐서린 드 버그 부인을 만나는 영광을 가지시게 될 겁니다."

다음날 오후, 그녀가 방에서 산책 준비를 하고 있을 때 아래층에서 갑작스럽게 소란스러운 소리가 집 안 전체에 들릴 만큼 크게 났다.

콜린스 씨와 샬롯이 문 앞에서 젠킨슨 부인과 드 버그 양과 함께 대화를 나누고 있었다. 두 숙녀 분들은 돌아가고 콜린스 씨 부부는 집으로 들어왔다. 콜린스 씨는 엘리자베스와 마리아를 보자마자 운 좋은 아가씨들이라며 축하하기 시작했다. 그 다음 날 로징스 저택의 저녁 식사에 모두 초대받았다고 샬롯이 설명했다.

제29장

콜린스 씨는 이 초대를 받고 대단히 기뻤다. 위대한 자신의 후원자가 얼마나 자기 부부에게 정중하게 대하는가를 손님들에게 보여 주는 것이야말로 바로 콜린스 씨가 원하는 것이었다.

여자들이 준비를 하러 각자 방으로 돌아갈 때 콜린스 씨가 엘리자베스에게 말했다.

"옷에 대해서 너무 크게 신경 쓰지 말아요. 캐서린 부인은 우리가 부인이나 그 따님처럼 우아하게 옷을 입어야 한다고 생각하는 분이 아닙니다. 그냥 엘리자베스가 가지고 있는 옷들 중에서 제일 좋은 옷을 입으면 돼요. 더 잘 차려입으려고 할 필요 없습니다. 캐서린 부인은 검소하게 옷을 입었다고 해서 당신을 나쁘게 평하거나 하실 분이 아니십니다. 부인은 계급의 구별이 지켜지는 것을 좋아하시지요."

날씨가 좋았기 때문에 그들은 1/2 마일 정도 걸어 로징스 영지를 가로질러서 갔다.

로징스 저택의 현관에서 하인들의 안내를 따라 대기실을 통과하여 캐서린 부인과 그녀의 딸, 그리고 젠킨슨 부인이 기다리고 있는 방으로 들어갔다. 부인은 그들을 맞이하려고 겸손하게 일어섰다.

캐서린 부인은 키가 크고 골격이 큰, 한때는 예뻤으리라 짐작

되는 뚜렷한 이목구비를 가진 여성이었다.

캐서린 부인을 관찰하고 보니 그녀의 용모와 행동에서 다아시 씨와 닮아 있었다. 그리고 엘리자베스는 그녀의 딸을 쳐다보았다. 드 버그 양은 창백하고 아파 보였다. 그 다음은 젠킨슨 부인을 관찰했는데 그녀는 별 특징이 없는 인물이었다.

여자들이 거실로 돌아왔을 때 캐서린 부인이 하는 말을 듣는 것 외에는 달리 할 일이 없었다. 캐서린 부인은 커피가 들여져올 때까지 모든 것에 대한 자신의 의견을 피력하며 계속 이야기를 했다. 그녀는 집안일에 대하여 잘 아는 듯 샬롯에게 집안일의 세심한 부분까지 다 묻더니 갖은 집안일에 대한 조언을 일일이 늘어놓았다. 그녀는 마리아와 엘리자베스에게는 온갖 종류의 질문을 했는데 특히 잘 알지 못하는 엘리자베스에게 더 많은 질문을 했다. 그녀는 콜린스 부인에게 엘리자베스가 가문 좋은 괜찮은 아가씨 같아 보인다고 평을 했다. 캐서린 부인은 엘리자베스에게 여자 형제가 몇 명인지, 언니인지 동생인지, 곧 결혼을 할 자매는 없는지, 언니와 동생들이 예쁜지, 교육은 잘 받았는지, 아버지는 어떤 마차를 소유하고 있는지, 어머니의 결혼하기 전 성은 무엇이었는지 등등을 물었다. 엘리자베스는 그녀의 질문들이 너무나 무례하다고 느꼈지만 마음을 가라앉히고 모두 다 대답했다.

남자들이 합석하여 차를 마시고 난 후 카드 게임이 시작되었다. 게임은 정말 끔찍했다. 게임에 필요한 말을 빼놓고는 거의 대화가 없었다.

캐서린 부인과 딸이 원하는 만큼 게임을 하고 난 후에 게임은 끝이 났고 콜린스 부인에게 마차가 제공되었다. 콜린스 씨가 장황하게 감사의 말을 늘어놓고 윌리엄 경이 연거푸 고개를 숙여 인사를 하고 나서 그들은 떠나왔다.

제30장

월리엄 경은 헌스포드에 일주일만 머물렀다. 그러나 그 기간
은 딸이 편안하게 정착해서 살고 있고 그와 같은 남편과 이웃을
가진다는 것은 흔치 않은 일이라는 것을 확인하기에는 충분한
기간이었다.

로징스 저택에서 저녁 식사를 하는 즐거움은 일주일에 두 번
정도 계속되었다. 그리고 월리엄 경이 떠났기 때문에 저녁 식사
후에 게임 테이블이 하나만 마련되었는데 여전히 게임은 훌륭한
저녁 식사와는 대조적인 경험이었다. 로징스 저택에 건너가는
일 외에는 별다른 일은 없었다. 그렇지만 엘리자베스는 만족했
다. 그녀 혼자 편안한 시간을 보낼 수 있었기 때문이다. 샬롯과
삼십 분 정도씩 즐거운 대화를 나누었고 예년에 비해 날씨가 좋
았기 때문에 야외에서 시간을 많이 보낼 수가 있었다. 다른 사람
들이 캐서린 부인을 방문하는 동안 그녀는 가장 좋아하는 산책
로에서 걷곤 했다. 그곳은 자신을 제외하고는 아무도 그 가치를
모르는 것 같은 작은 숲 가의 우거진 오솔길이었다.

이렇게 조용한 가운데 그녀가 헌스포드에 온 지 2주가 흘러갔
다. 부활절이 다가오고 있었다. 엘리자베스는 헌스포드에 도착
하자마자 다아시 씨가 몇 주 안으로 도착할 것이라는 이야기를
들었다. 비록 그녀가 좋아하지 않는 사람은 많지 않았지만 그

가 오면 좋아하지 않는 사람 한 명을 – 비록 전혀 몰랐던 것은 아니지만 – 로징스 저택에서 보게 될 것 같았다.

다아시 씨가 도착했다는 소식이 사제관에 순식간에 퍼졌다. 콜린스 씨는 아침 내내 헌스포드로 진입하는 길 어귀가 보이는 곳에서 서성이며 다아시 씨가 도착하는 순간을 포착하려고 목을 빼고 기다렸다. 그의 마차가 로징스 영지에 들어서자마자 고개 숙여 인사를 하고 집으로 그 소식을 전하러 서둘러 갔다. 다음날 아침 일찍 그는 정식으로 인사를 하러 로징스 저택으로 급히 건너갔다. 캐서린 부인의 조카가 두 명이 있었는데 한 명은 다아시 씨가 데려온 피츠윌리엄 대령이었다. 그는 다아시 씨의 삼촌인 이름은 정확히 모를 어느 경의 막내아들이었다. 모두의 예상을 깨고 콜린스 씨가 돌아왔을 때 다아시 씨와 피츠윌리엄 대령이 그와 함께였다.

피츠윌리엄 대령이 앞장섰는데 그는 서른 살쯤의 그다지 잘생기진 않은 남자였는데 말투나 그 성품에서 진짜 신사였다. 다아시 씨는 허트포드셔에서 만났을 때나 다름없는 모습이었다. 그는 평소처럼 절제된 예법을 갖춰 사교적인 찬사를 콜린스 부인에게 전했고 그녀의 친구에게는 무슨 감정을 가졌는지 알 수 없도록 태연하게 대했다. 엘리자베스는 아무 말도 하지 않고 인사만 살짝 했다.

"제 언니가 런던에 머문 지 석 달이 되었어요. 런던에서 언니를 못 만나셨나요?"

그가 언니를 만나지 않았다는 걸 너무나 잘 아는 엘리자베스였다. 그렇지만 그녀는 그가 빙리 씨와 제인 사이의 일에 대해 무언가를 혹시 무심결에 털어놓지 않을까 궁금했다. 그녀가 보기엔 제인을 런던에서 만나는 영광을 가지지 못했다고 말하는 그의 얼굴이 조금 혼란스러워 보였다. 제인과 관련된 대화는 거기서 끝이 났고 청년들은 곧 돌아갔다.

제31장

청년들이 도착한 지 일주일 후인 부활절이 되어서야 엘리자베스와 일행은 로징스 사람들의 관심을 받을 수 있었다. 로징스 가 사람들이 교회를 떠나면서 저녁 때 로징스로 오라고 했다.

초대는 물론 받아들여졌고 그들은 적당한 시간에 캐서린 부인의 거실에서 로징스 사람들과 둘러앉았다.

피츠윌리엄 대령은 그들을 보게 되어 무척 기쁜 것 같았다. 그로서는 뭐든 새로운 일은 로징스에서의 지루함보다는 나았다. 그리고 콜린스 부인의 예쁜 친구가 매우 마음에 들었다. 그와 그녀 사이의 대화는 유쾌하게 잘 흘러갔다. 그 모습은 다아시뿐만 아니라 캐서린 부인 눈에도 띄었다.

"무슨 대화를 나누고 있니, 피츠윌리엄? 무엇에 대해서 이야기하는 거지? 베넷 양에게 무슨 이야기를 들려주고 있니? 나도 좀 듣자꾸나."

"음악에 관한 이야기를 나누고 있습니다." 더 이상 대답을 피할 수 없겠다 싶을 때 그가 말했다.

"음악! 그럼 크게 말하지 그러니. 나도 매우 좋아하는 주제인데. 음악이라면 나도 대화에 참여하고 싶구나. 영국에 나보다 음악을 더 즐기는 사람이나 음악적 취향이 나보다 더 뛰어난 사람은 별로 없을 거다."

다아시 씨는 이모의 무례함에 조금 당황하는 것 같았다.

커피를 마시고 난 후 피츠윌리엄 대령은 엘리자베스에게 자신과 음악 연주하기로 했던 앞서서 한 약속을 상기시켰다. 그래서 그녀는 바로 피아노 앞에 가서 앉았다. 그는 의자를 끌어당겨 그녀 옆에 앉았다. 캐서린 부인은 음악을 들으면서 다아시 씨와 이야기를 나누고 있었다. 그러다가 다아시가 일어나서 피아노 쪽으로 평소처럼 천천히 걸어와서 피아노 연주자가 잘 보이는 곳에 멈춰 섰다. 엘리자베스는 그의 행동을 보았고 곡의 쉬운 부분이 나오자 그를 향해 장난기 어린 미소를 지으며 말했다.

"제 연주를 들으러 여기까지 오시다니 절 깜짝 놀라게 하실 작정인가요, 다아시 씨? 당신 여동생의 연주가 매우 뛰어나다는 건 알지만 전 겁먹지 않을 거예요."

"당신이 틀렸다고는 말하지 않겠습니다." 그가 대답했다. "제가 당신을 놀릴 계획을 꾸밀 수 있다고도 믿지 않으시지요? 당신을 이제 꽤나 오래 알아 왔기 때문에 당신이 때때로 당신의 의견이 아닌 것을 마치 당신의 의견인 것처럼 공언한다는 것도 알고 있습니다."

엘리자베스는 다아시 씨가 묘사하는 자신의 모습에 웃음이 났다. 그리고 피츠윌리엄 대령에게 이렇게 말했다. "제 진짜 모습을 확 꿰뚫어 버리는 분을 만나다니 제가 참 운이 없죠? 특히나, 어느 정도 믿음이 가는 사람으로 보이고 싶은 이곳에서 말이죠. 정말이죠, 다아시 씨! 당신이 허트포드셔에서 알게 된 제 모든 단점을 여기서 다 말씀하시다니 비열하세요. 저도 말할까요? 정말 예의 없으셨어요. 보복하고 싶은 마음이 들게 하시는 군요. 제 이야기를 들으면 여기 당신을 아는 모든 사람들이 깜짝 놀랄 텐데요."

"무슨 말씀을 하시든 전 두려울 게 없습니다." 그가 미소 띤 얼굴로 말했다.

"다아시가 무슨 잘못을 했다는 말씀이시죠?" 피츠윌리엄 대령이 물었다.

"제가 처음 허트포드셔에서 다아시 씨를 만난 건 무도회에서예요. 이 무도회에서 그가 어떤 행동을 했는지 아세요? 그는 남자 분들이 턱없이 부족했는데도 딱 네 곡의 춤만 췄어요."

"전 낯선 여성들에게는 춤 신청을 잘 못해요."

"그는 낯선 사람들과 이야기하는 것을 싫어해요." 피츠윌리엄 대령이 덧붙였다.

여기서 캐서린 부인이 무슨 이야기를 하느냐고 물으며 끼어들어 그들의 대화는 중단되었다. 그녀는 캐서린 부인의 마차가 준비될 때까지 피아노를 연주했다.

제32장

다음날 아침 콜린스 부인과 마리아가 시내에 볼일을 보러 간 동안 엘리자베스는 혼자 앉아서 제인에게 편지를 쓰고 있었는데 갑자기 초인종이 울려서 깜짝 놀랐다. 문이 열리고 들어온 사람은 정말 놀랍게도 다름 아닌 다아시 씨였다. 그것도 혼자 찾아온 것이었다.

엘리자베스가 혼자 있는 것을 보고 적잖이 놀란 그도 다른 숙녀들도 모두 있는 줄 알았다며 엘리자베스가 혼자 있는 시간을 방해해서 미안하다며 사과했다.

"이 집이 매우 편안하고 좋아 보입니다. 아마도 캐서린 부인이 콜린스 씨가 처음 헌스포드에 왔을 때 수리를 많이 해 준 걸로 알고 있습니다만."

"물론 그러셨겠죠. 부인의 세심한 친절을 베풀기에 여기만큼 적당한 곳도 없으니까요."

"콜린스 씨는 아내 복이 많은 분인 것 같습니다."

"예, 정말 그래요."

"켄트 지방은 마음에 드시나요?"

인근 지역에 대한 차분한 대화를 짤막짤막하게 주고받았는데 곧 일을 보고 돌아온 샬롯과 샬롯 누이의 등장으로 대화는 중단되었다. 두 사람이 은밀히 대화를 나누고 있는 모습은 숙녀들을 놀라게 했다. 다아시 씨는 베넷 양을 방해하게 된 자신의 실수에 대해서 설명했고 아무 말 없이 몇 분 더 앉아 있다가 돌아갔다.

"무슨 의미일까?" 그가 돌아가자마자 샬롯이 말했다. "리지야, 그가 너를 사랑하나봐. 아니면 절대 저렇게 격의 없이 우리 집을 방문할 이유가 없잖아."

그렇지만 엘리자베스가 그가 오랫동안 침묵했다고 전하자 샬롯의 바람에도 그럴 가능성은 없어보였다. 여러 가지 짐작을 해 보다가 그들은 그가 별달리 할 일이 없어서 오게 된 것이라고 결론을 내렸다.

제33장

엘리자베스는 로징스 영지를 산책하다가 우연히 다아시 씨를 두 번째로 만났다. 그녀는 아무도 만난 적이 없는 산책로에서 다른 사람도 아닌 그를 또 만나는 불행이 다시는 일어나지 않도록 지난번에 마주쳤을 때 이곳이 제일 좋아하는 산책로라고 말해 줬던 터였는데 어떻게 두 번째 마주침이 일어났는지 이해할 수가 없었다. 그러나 두 번째 우연은 일어났고 세 번째 우연도 일어났다. 고의적으로 심술궂게 그러는 것이든지 아니면 자진해서 고행을 하는 것 같았다. 왜냐하면 그렇게 우연히 만날 때마다 그냥 간단하게 형식적인 인사나 주고받고 할 말이 없으면 그냥 가는 것이 아니라 꼭 가던 발걸음을 돌려 그녀와 함께 걸었다. 마치 그래야 할 의무라도 있는 사람처럼. 그의 그런 행동은 그녀를 조금은 불편하게 했지만 그녀는 어쨌거나 사제관 반대쪽 울타리 끝의 쪽문에 다다르면 기분이 꽤나 좋았다.

어느 날 산책을 하며 제인의 마지막 편지를 다시 정독하고 있었다. 다아시 씨 대신에 이번엔 피츠윌리엄 대령이 다가오고 있는 것을 보았다.

"토요일에 켄트를 떠나시는 게 사실인가요?" 그녀가 물었다.

"그렇습니다. 만약 다아시가 다시 연기를 하지 않는다면."

"다아시 씨보다 자기가 원하는 일을 뭐든지 할 수 있는 권한을 더 즐기는 사람은 본 적이 없는 것 같아요.”

“다아시는 자기 방식대로 하는 것을 좋아하죠.” 피츠윌리엄 대령이 대답했다. “그렇지만 우리 모두가 그렇지 않습니까? 단지 그는 보통 사람들보다 더 권력이 있을 뿐이죠. 그는 부자이고 대부분의 사람은 그렇지 않은 차이지요. 막내아들은 자기부정과 의존성을 갖게 되기 마련입니다.”

“제 생각으로는, 귀족의 막내아들은 둘 다 갖고 있지 않을 것 같아요. 돈이 없어서 가고자 하는 곳에 못가거나 갖고 싶은 것을 못 가져 본 경험을 해 보셨나요?”

“큰 문제에서는 경제적 불충분으로 문제를 겪기도 합니다. 그래서 막내아들들은 원하는 여자랑 결혼하지 못하는 경우도 있습니다.”

“돈 많은 여자를 좋아하는 경우는 다르죠. 아마도 대부분의 남자 분들이 그럴걸요?”

“저 같은 신분의 사람이 돈 생각을 완전히 배제하고 결혼을 선택하기는 쉽지 않습니다.”

엘리자베스는 생각했다. “나 들으라는 말인가?” 그녀는 저의가 궁금했다.

“허스트 부인과 빙리 양을 아신다고 말씀하신 거 같은데 맞나요?”

“네, 두 숙녀 분을 조금 압니다. 그분들의 남자 형제는 훌륭한 신사이고 다아시 씨와는 절친한 친구 됩니다. 제가 이곳으로 오는 길에 그에게 들은 바로는 빙리가 다아시에게 빚진 바가 있다더군요.”

“무슨 말씀이세요?”

"다아시가 말하기를 최근에 친구가 가장 무모한 결혼을 할 뻔했던 것을 구해 줬다고 하더군요. 이름이나 다른 자세한 사항은 듣지 못했습니다."

"다아시 씨가 그런 간섭을 한 이유를 말해 줬나요?"

"제가 이해하기로는 아마도 그 아가씨에게 반대할 만한 큰 이유가 있었던 것 같습니다."

"그 커플을 갈라놓는 데 어떤 방법을 썼다던가요?"

"그 점에 있어서는 아무 말도 듣지 못했습니다."

피츠윌리엄 대령이 농담처럼 한 말이었지만 그녀가 듣기에는 다아시 씨의 모습이 제대로 담긴 이야기 같았다. 그래서 그녀는 갑자기 대화의 주제를 바꾸고 사제관에 다다를 때까지 무관심한 듯 이야기를 나눴다. 엘리자베스는 언제나 빙리와 제인이 멀어지게 된 이유에 분명 다아시가 개입되어 있을 거라고 생각해 왔다. 그렇지만 그 계획을 짜고 주도한 중심인물은 빙리 양이라고 믿어 왔던 터였다. 그렇지만 그의 허영심이 그로 하여금 잘못된 행동을 하도록 유도한 것이 아니라, 다아시 그 사람이 바로 문제의 출발점이었다. 그의 오만과 변덕스러움이 제인의 아픔의 원인이었던 것이다.

"그 아가씨에게 반대할 만한 큰 이유가 있었다." 이것이 피츠윌리엄 대령의 말이었다.

"제인에게는 반대할 이유가 있을 수가 없어." 엘리자베스가 외쳤다. "그렇게 사랑스럽고 착한 언니인걸! 지적이고 속 넓고 태도도 매혹적인 언니잖아." 어머니 생각을 하자 자신감이 조금 수그러들었다. 그렇지만 친구가 좋은 인맥의 아가씨와 결혼하지 않으면 자기 자존심에 상처를 입는 일이라고 다아시가 생각할 거라는 확신이 들었다. 마침내 그녀는 그가 최악의 오만한 마음으로 빙리를 막았다고 결론지었다.

저녁이 깊어갈수록 엘리자베스는 기분이 점점 더 상해서 다아시 씨 얼굴을 보기도 싫어졌다. 그래서 콜린스 씨가 로징스로 차를 마시러 건너갈 때도 동행하지 않았다.

제34장

다들 가버리고 나서 엘리자베스는 마치 다아시 씨에게 분노를 있는 대로 다 터트리려는 사람처럼 켄트에 와 있는 동안 제인에게서 받은 편지들을 샅샅이 다 읽어 봤다. 직접적으로 불평하는 말은 쓰여 있지 않았고 지난 일에 대한 언급도 없었고 지금의 괴로움에 대해 토로하는 대목도 없었다. 그러나 모든 편지 속에, 거의 모든 문장 속에, 마음의 평강에서부터 흘러나와 모든 사람을 편안하게 했던 제인 특유의 쾌활함이 빠져 있었다. 그런 쾌활함을 잃은 제인의 모습을 엘리자베스는 한 번도 본 적이 없었다.

그런 생각에 잠겨 있을 때 그녀는 갑작스런 초인종 소리에 제정신이 들었다. 아마도 피츠윌리엄 대령일 거란 생각에 가슴이 뛰었다.

그러나 짐작이 틀렸음이 곧 밝혀졌다. 그리고 완전히 다른 기분이 들었다. 놀랍게도 찾아온 사람은 다아시 씨였다. 뭔가 급한 듯 엘리자베스에게 몸이 좀 어떠냐고 물었고 그녀가 괜찮은지 보러 왔다고 했다. 그녀는 차갑게 대답했다. 그는 잠시 앉아 있다가 다시 일어나서 방안을 걸어 다녔다. 엘리자베스는 놀랐지만 아무 말도 하지 않았다. 잠시 침묵하더니 그가 그녀 쪽으로 걸어왔다. 어쩐지 평소의 침착한 모습이 아니었다. 그리고 말을 꺼냈다.

"혼자서 힘들었습니다. 그렇지만 이젠 안 될 것 같습니다. 제 감정을 억누를 수가 없군요. 당신을 열렬히 사랑하고 있습니다."

"이런 경우에 상대로부터 감정 표현을 기대하는 것이 일반적이지요? 극명하게 반대되는 감정이 표현된다 할지라도. 뭔가 답변을 해야 할 의무감이 느껴지긴 하는데, 만약 감사하다고 느낀다면 감사하다고 하겠지만 그럴 수가 없네요. 당신이 절 좋게 봐 주기를 바란 적이 없거든요."

"그토록 기다렸던 대답이 이런 것입니까! 왜 저를 거절하시는지 그 이유라도 조금은 예의를 지켜 주시면서 대답해 주시면 좋겠습니다."

"당신에 대한 안 좋은 감정이 없었다 하더라도, 당신한테 아무런 관심도 없었다 하더라도, 아니면 당신에게 호감을 가지고 있었다 하더라도 제가 가장 사랑하는 언니의 행복을 아마도 영원히 망쳐 놓은 남자의 청혼을 받아들이는 것이 말이나 된다고 생각하시나요?"

"내 친구와 당신 언니가 헤어지도록 내가 할 수 있는 모든 것을 다 했고 그 둘이 헤어졌을 때 기뻤다는 것은 부인하지 않겠습니다. 빙리는 제가 제 자신보다 더 아끼는 친구입니다."

"그러니까 전 당신을 좋아할 수 없어요. 그 일이 있기 오래 전에 이미 당신에 대한 제 견해는 정해졌죠. 한참 전에 위컴 씨로부터 이야기를 듣고 당신이 어떤 사람인지 확실히 알았죠. 그 일에 대해서 뭐라 말씀하고 싶으신가요?"

"위컴의 일에 관심이 많으시군요." 조금 떨리는 목소리에 안색이 변한 다아시가 말했다.

"당신이 그 사람을 지금의 가난으로 몰아넣었어요. 그 사람

몫인지 알면서 재산을 그에게 주지 않았죠. 바로 당신이! 그러고도 그 사람의 불행에 관한 이야기가 나오자 경멸과 조롱을 표하는군요.”

“그게” 그가 빠른 발걸음으로 방을 가로지르며 외쳤다. “나에 대한 당신 생각이군요! 바로 그게 저에 대한 당신의 평가고요! 그렇게 충분히 설명해 주셔서 감사하군요. 그 평가에 따르면 제 잘못은 정말로 무겁군요!”

“당신을 알게 된 처음부터 당신의 태도를 보고 당신이 거만하고 이기적이고 남의 감정은 무시한다는 인상을 받았습니다. 이런 인상이 토대가 되어 그 뒤에 있었던 일들은 이런 고정관념을 확고히 하게 하였습니다. 그래서 당신을 알게 된 지 한 달 밖에 되지 않았지만 저는 당신같은 사람과는 결혼할 수 없다고 생각했습니다.”

“충분히 들었습니다. 당신 감정을 완벽히 이해했습니다. 제가 가졌던 감정이 매우 부끄럽군요. 당신 시간을 많이도 빼앗아서 미안하게 되었습니다. 건강하고 행복하십시오.”

이 말을 남기고 그가 서둘러 방을 빠져나갔다. 그가 현관문을 열고 집을 나서는 소리가 들렸다.

엘리자베스의 마음속이 너무 복잡해서 고통이 느껴졌다. 마음을 어떻게 추슬러야 할지 몰랐다. 온몸에 기운이 빠져 주저앉았고 삼십 분 동안 울었다. 다아시 씨로부터 청혼을 받다니! 친구는 엘리자베스 언니와 결혼하지 못하도록 그토록 반대해 놓고, 본인의 결혼에도 같은 영향을 미칠 만큼 많은 엘리자베스 집안의 반대 조건에도 불구하고 엘리자베스에게 청혼할 만큼 그녀를 사랑한다니 정말 믿을 수가 없었다. 그렇게 강한 사랑의 감정을 자신도 알지 못한 사이에 불러일으켰다니 엘리자베스는 짐짓 기뻤다. 그렇지만 그의 오만함, 그 혐오스러운 오만함 - 부끄러운 줄도 모르고 제인에게 한 짓을 떳떳하게 말하는 그 오만함 - 위컴에게 잔인하게 굴어 놓고도 숨기지도 않고 당당하게 말하는 그 용서할 수 없는 뻔뻔함을 생각하자 잠시나마 나은 기분으로 그의 열렬한 사랑에 대해 가졌던 연민의 정이 싹 사라졌다.

제35장

　엘리자베스는 다음날 아침 깨어나자마자 같은 생각에 잠겨서 한참 동안이나 눈을 뜨지 않았다. 어제의 충격에서 아직 벗어나지 못했다. 다른 생각은 하려야 할 수가 없었다. 아무것도 할 수가 없어서 그녀는 신선한 공기를 맡으며 산책이나 해야겠다고 마음먹었다.

　걷는 도중에 로징스 영지 끝 쪽의 나무숲 쪽에 한 사람이 어렴풋이 보였다. 그 사람이 다가오고 있었고 혹시 다시 씨일지도 모른다는 두려움에 반대쪽으로 걸어갔지만 그가 이내 가까이 왔다. 다아시는 손에 편지를 들고 있었다. "이 편지를 읽어주시겠습니까?" 그리고 살짝 목례를 하고는 방향을 돌려 시야에서 바로 사라져 버렸다.

　좁은 길을 걸어 나온 엘리자베스는 편지를 읽기 시작했다.

　이 편지를 받고 걱정하지 마세요. 당신을 어젯밤에 그렇게 끔찍하게 만들었던 그런 감정을 다시 털어놓는 말이나 청혼하는 말을 다시 하지는 않겠어요. 당신을 쉽게 잊기 어려운 후회에 빠지게 만들어서 힘들게 하려고 한다거나 제 겸허함을 증명하려는 의도로 쓰는 것이 아님을 알아 주세요.

　어제 그 성격도 중요도도 매우 다른 두 가지 문제로 저를 비난하셨습니다. 하나는 두 사람의 감정은 아랑곳하지도 않고 제가 빙리와 당신 언니를 떼어 놨다는 것이었고, 또 하나는 여러 가지 요구와 명예와 인간성을 무시하고 위컴의 안정적인 생활에 직접적인 타격을 안겼고 그의 장래를 망쳤다는 것이었습니다.

허트포드셔에 도착하자마자 다른 사람들과 마찬가지로 저 역시 빙리가 당신의 언니를 매우 흠모하고 있다는 것을 알 수 있었습니다. 그렇지만 네더필드의 무도회가 있던 날 빙리의 감정이 걱정스럽기 시작했습니다. 그날 제가 살펴본 바로는 물론 당신의 언니가 빙리의 관심을 호의적으로 받아들이고는 있었으나 전혀 같은 감정으로 빙리를 대하고 있지는 않았습니다. 그러나 반대에는 다른 이유도 있었습니다. 당신의 어머님 가족의 신분도 문제가 되지만 그것은 그분과 당신의 세 여동생 때로는 당신의 부친의 자주, 한결같은 예의범절의 부족에 비하면 아무것도 아니었습니다. 용서하십시오. 당신을 화나게 해 저도 고통스럽습니다. 그러나 위안이 되실지 모르겠지만 당신과 당신의 언니는 그와 같은 흉잡힐 행동을 하지 않아서 칭찬을 받았고 그것이 두 분의 지성과 성품에 영예가 되었습니다. 제가 만약 당신 언니에게 상처를 준 것이라면 그건 당신 언니의 마음을 제대로 파악하지 못했기 때문이지 다른 의도는 없었습니다.

좀 더 심한 비판이라 할 수 있는 위컴 씨에게 해를 가했다는 비난에 대해서는 그와 제 가족 간의 인연을 다 설명해야지만 제 입장을 설명할 수 있겠습니다. 위컴 씨는 매우 존경할 만한 분의 자제분이십니다. 위컴 씨의 아버지는 오랫동안 펨벌리 사유지를 관리해 오셨고 그분의 높은 덕망은 제 아버지의 깊은 신임을 사셨습니다. 제 아버지는 위컴의 대부이셨고 때문에 위컴에게 많은 친절을 베푸셨지요. 제 아버지께서 위컴의 학비를 쭉 대 주셨고 캠브리지 학비도 대 주셨습니다. 제 아버지는 그를 매우 좋아하셨기 때문에 그가 교회를 맡아 주기를 바라셨습니다. 훌륭하신 제 아버지는 5년 전에 돌아가시기 전까지 그를 매우 아끼셨고 그의 직업이 허락하는 한 최고의 지위에 오르도록 도와줄 것이며 그가 성직을 택한다면 자리가 나자마자 임명하라고 제게 유언을 특별히 남기셨습니다. 그리고 천 파운드의 유산도 남기셨습니다. 반년의 시간이 흐른 후, 위컴은 아버지의 유언을 따르지 않겠다면서 혜택을 보지 못한 성직 우선권 대신 더 빨리 돈을 벌 수 있는 길을 택하는 본인을 이해해 달라는 편지를 보내왔습니다. 그가 원하기만 하면 얻을 수 있었던 교회에 연관된 모든 지위를 사양하고 대신에 삼천 파운드를 받아 갔습니다. 그 후 그는 런던에서 주로 생활을 했는데, 법을 공부하겠다는 그의 말은 순전 거짓말이었습니다. 모든 속박에서 벗어난 그는 게으르고 방탕한 생활을 계속했습니다. 삼 년 동안은 그에 대한 소식을 거의 듣지 못했는데, 수중에 돈이 모두 떨어지자 그는 제게 다시 돈을 요구하는 편지를 보냈습니다. 그의 청을 제가 거절했다고 해서 저를 비난하시기는 어려우실 겁니다. 그가 처한 상황이 악화될수록 그의 분노는 커져 갔습니다. 그 이후 그와의 관계는 악화되기 시작했습니다. 그 이후 그가 어떻게 살았는지 저는 알지 못합니다만 지난여름 그가 다시 제게 강요를 해 왔습니다.

열 살 이상 나이 차이가 나는 제 여동생이 일 년 전 학교를 잠시 쉬면서 런던에 머물렀습니다. 작년 여름에 제 동생을 돌봐 주는 어떤 여자 분과 함께 램스게이트로 갔는데 위컴도 따라갔습니다. 그 여자의 도움과 묵인으로 위컴은 조지아나를 꼬셨고 조지아나는 사랑에 빠졌다고 믿게 되어 함께 도망치기로 약속까지 하게 되었습니다. 그 아이는 그때 열다섯 살밖에 되지 않는데 다행히도 자기의 경솔함을 깨닫고 제게 알려 왔죠. 제 동생의 체면과 감정을 생각해서 외부에 알리지 않았지만 위컴에게는 편지를 썼고, 그는 즉각 그곳을 떠났습니다. 위컴의 목적은 말할 필요도 없이 제 동생의 삼만 파운드라는 재산이었을 테지만, 저에 대한 복수도 강한 동기가 아니었을까 하는 생각을 버릴 수가 없습니다.

왜 이 모든 이야기를 어젯밤에 하지 않았는지 궁금해 하실 테지요. 그러나 그때는 무슨 말을 어디부터 어디까지 해야 하는지 저 자신도 혼란스러웠습니다. 제가 드린 모든 말씀에 관련된 진실은 피츠윌리엄 대령이 증명해 줄 수 있을 것입니다. 이제 제가 더 드릴 수 있는 말은 당신이 행복하기 바란다는 말 뿐인 것 같습니다.

피츠윌리엄 다아시 드림

제36장

　읽어 내려가는 그녀의 감정은 뭐라 정의 내리기가 어려웠다. 제인이 냉담하다는 그의 믿음은 잘못된 것이라고 바로 차치해 버렸지만 그가 반대한 가장 큰 이유에 대한 설명은 그녀를 너무나 화나게 만들어서 그의 의견을 도무지 인정할 수가 없었다.

　그렇지만 위컴 씨에 관한 얘기로 이어졌을 때 그녀는 더 주의 깊게 읽어 내려갔다. 만약 쓰인 내용이 사실이라면, 위컴 씨에 대해 좋았던 그녀의 감정을 완전히 뒤엎는 일이 분명할 편지의 내용은, 위컴 자신이 들려준 자신의 지난날에 관한 이야기와 놀랍게 유사한 점이 많았기에 그녀는 더 찌르는 듯 한 아픔과 더 알 수 없는 감정에 휩싸였다.

　양쪽의 이야기가 동일했다. 그러나 유언장에 관한 내용만은 극명한 차이를 보였다.

　다아시가 애써 돌려 말하려고 한 위컴의 사치벽과 방탕함은 특히나 그녀를 놀라게 했다. 사실 그녀는 다아시의 말이 틀렸다고 할 만한 증거는 전혀 가지고 있지 않았음에 그녀는 더욱 놀랐다. 허트포드셔에 오기 전의 그의 행적에 관해서는 위컴 본인에게 들은 바가 전부였다. 그의 겉모습과 태도의 모든 매력을 바로 눈앞에서 본 그녀였지만 마을 사람들 사이에서 일반적으로 받아들여지는 그에 대한 평가와 그의 사회적 지위 탓에 그가 얻는 호감이 뒤섞여 있을 뿐 그 이상의 어떠한 그의 장점도 실제로 그녀는 알고 있지 못했다. 이제 그녀는 오직 피츠윌리엄 대령에게 직접 사실 관계를 확인하는 길 밖에 없었다. 정말 확인을 해 볼까 하는 생각이 잠시 스쳤으나 너무나 어색할 것만 같아 그만두었다.

그녀는 자신과 위컴의 첫 만남의 상세한 부분까지 모두 떠올렸다. 돌아보니 낯선 사람과 그런 대화가 가능했다는 점의 부적절함이 새삼스레 느껴졌다. 또 위컴이 자신의 이야기를 엘리자베스를 제외한 그 누구에게도 한 적이 없다가 네더필드 가 사람들이 떠나고 나서야 모두에게 지난날을 화두로 삼아 이야기를 나누었다는 점도 기억해 냈다. 엘리자베스에게 늘 다아시 선친에 대한 존경심 때문에 그분의 아들의 부도덕함을 드러낼 수 없다고 말했음에도 불구하고, 네더필드 가 사람들이 떠난 시점 이후에 그는 어떤 자제심도 양심의 가책도 없이 다아시를 가차 없이 깎아내렸다는 점 또한 생각해 냈다.

그에 관한 모든 일이 이제 얼마나 다르게 보이는가! 킹 양에 관한 그의 관심은 오로지 혐오스럽게도 금전적인 시각의 결과였던 것이다. 엘리자베스 그녀 자신에 대한 그의 행동들의 동기 역시 참을 수 없었다. 그녀가 돈이 많은 여자라고 생각했거나 엘리자베스가 부주의하게 보이고 만 그에 대한 호감을 더욱 조장하면서 자신의 허영심을 만족시키고 있었거나 둘 중의 하나였음에 틀림없었다.

그녀는 자신의 행동이 점점 수치스럽게 느껴졌다. 다아시나 위컴을 떠올릴 때마다 자신이 매우 안목이 없었으며, 편파적이었고, 편견으로 가득했으며 불합리했었음을 알게 되었다.

"내가 얼마나 비열하게 굴었던가!" 그녀가 외쳤다.

그녀 자신에서 제인에게로, 제인에게서 빙리 씨에게로 꼬리에 꼬리를 문 생각이 이어지자 다아시 씨의 설명이 그 부분에서는 명확하지 않았음을 기억해 내곤 다시 읽어 보았다. 그러나 두 번째 숙독은 완전히 다른 느낌이었다. 다아시는 분명 제인의 애정은 전혀 눈치채지 못했다고 말하고 있었다. 그리고 샬롯이 항상 했던 말 또한 떠올랐다. 아무리 열렬해도 제인의 감정이 거의 드러나지 않으며 제인의 태도와 겉모습은 그녀의 뛰어난 감수성과는 다르게 늘 변함이 없다는 게 샬롯의 의견이었다.

엘리자베스의 가족이 무척이나 원통하지만 당연한 비난조로 묘사된 부분에 이르자 그녀의 수치심은 극에 달했다.

알고 보니, 제인의 실망은 가장 가까운 사람들 탓이었다. 제인과 엘리자베스에 대한 신뢰가 그런 부적절한 가족들의 행동으로 말미암아 실질적인 타격을 받았음을 생각하니 그녀는 전에는 한 번도 느껴 본 적이 없는 의기소침함을 느꼈다.

두 시간 동안 온갖 생각을 하며 돌아다닌 후, 피곤함과 너무 오래 나와 있었음을 느낀 그녀는 드디어 집으로 돌아갔다.

도착하자마자 로징스의 두 남자가 각각 찾아왔었다는 이야기를 전해 들었다. 다아시 씨는 몇 분 머물다 돌아갔고 피츠윌리엄 대령은 적어도 한 시간 가까이 앉아서 그녀가 돌아오기를 기다리다 갔다고 했다. 피츠윌리엄 대령에 대해서 생각할 여력이 그녀에겐 더 이상 없었다. 그녀는 오직 편지 생각뿐이었다.

제37장

두 남자는 그 다음날 아침 로징스를 떠났다. 그러자 콜린스 씨는 캐서린 부인과 딸을 위로하러 서둘러 로징스로 건너갔고 돌아오는 길에 매우 만족스럽게도 캐서린 부인이 그녀의 적적함을 달래기 위해 모두를 저녁 식사에 초대한다는 소식을 가져왔다.

캐서린 부인을 보자 엘리자베스는 자신이 원하기만 했더라면 지금쯤 자신이 캐서린 부인의 조카며느릿감으로 소개되었으리라는 생각이 저절로 떠올랐다. 부인의 분노가 어떠했을까를 생각하니 엘리자베스 얼굴의 미소가 사라졌다.

식사 후 베넷 양의 사기가 떨어져 있는 것을 알아차린 캐서린 부인은 집으로 돌아갈 날이 얼마 남지 않은 엘리자베스가 더 머물고 싶어서 그러는 것일 거라고 혼자 짐작해 버렸다.

"그러면, 어머니께 편지를 써서 좀 더 머물겠다고 해 보지 그래요?"

"그렇게 말씀해 주시니 감사합니다만 그럴 수가 없네요. 토요일까지 집에 돌아가야 해요." 엘리자베스가 대답했다.

"만약 한 달 더 머문다면 내가 6월 초에 런던에 일주일 동안 갈 예정이니까 그때 데려가도록 하겠어요."

"호의에 감사드립니다만 원래 계획대로 돌아가야 합니다."

엘리자베스는 다아시의 편지를 외울 정도가 되었다. 그의 글

속에 담긴 어투를 생각하면 여전히 화가 치밀어 올랐다. 그렇지만 얼마나 불공평하게 자신이 그를 비판하고 힐난했는지를 생각하면 분노의 대상은 엘리자베스 자신으로 바뀌었다.

모든 면에서 너무나 바람직하고 좋은 점이 너무나도 많은, 행복이 보장된 상황을 가족의 우매함과 무례함 탓에 잃은 제인을 생각하는 것은 너무나 비통했다.

이런 생각들에 위컴의 인격에 대한 생각이 덧붙여지자 우울함이라고는 모르던 그녀의 활기찬 모습은 온데간데없이 좀처럼 쾌활함이라고는 없는 사람처럼 보일 정도로 그 부정적인 여파가 심했다.

엘리자베스가 헌스포드를 떠나기 전 일주일 동안은 도착했던 첫 주처럼 로징스에 가는 일이 잦았다.

돌아갈 시간이 되자 캐서린 부인은 호의를 베푸는 양 오만을 떨면서 잘 돌아가고 내년에 다시 방문하라고 했다. 드 버그양은 무척이나 예의를 차리면서 모두에게 일일이 손을 내밀었다.

제38장

토요일 아침 엘리자베스와 콜린스 씨는 남들보다 조금 일찍 아침 식사를 했다. 콜린스 씨는 그 기회를 이용해서 꼭 해야 한다고 여겼던 예의범절을 갖춘 작별 인사를 건넸다.

"와 주셔서 감사하다는 인사를 제 안사람이 이미 건넸는지 모르겠습니다. 방도 조그맣고 하녀도 변변하게 없이 소박하게 사는 저희 집인데다가 주변에 볼거리도 많지 않으니 엘리자베스 당신 같은 젊은 숙녀 분에게는 참 지루하셨을 것이 틀림없습니다. 그래도 저희가 최선을 다해서 좋은 시간을 보내실 수 있도록 할 수 있는 모든 노력은 다 했다는 점을 생각하시고 좋은 기억이라 생각해 주시면 감사하겠습니다."

엘리자베스는 충분히 만족스럽게 머물다 가며 감사했었다는 마음을 전하려고 애썼다.

"로징스 가와의 긴밀한 관계를 유지하고 있는 저희라서 이 초라한 저희 집을 떠나 가끔씩 로징스 저택도 방문하셨으니 헌스포드에서 지내신 시간이 완전히 진저리 날 정도는 아니었을 거라 생각합니다. 사실 캐서린 부인과 저희의 관계는 흔치 않은 엄청난 특권이죠. 저희가 어떤 후원 세력을 가지고 있는지 보셨지요? 저희가 그분과 얼마나 지속적으로 만남을 유지하는지도 보셨고요."

마차가 도착했고 트렁크 가방이 마차에 실리고 작은 짐들이 마차 안쪽에 실렸다.

마차가 움직이기 시작했다.

"온 지 하루 이틀 밖에 안 된 거 같은데 생각해 보면 정말 많은 일들이 있었네!" 마리아가 말했다.

"가서 할 얘기가 너무 많아!"

엘리자베스가 혼잣말을 했다. "난 숨겨야 할 이야기가 정말 많고!"

헌스포드를 떠난 지 네 시간이 안 되어 그들은 가디너 씨 댁에 도착했고 그곳에서 며칠 머물기로 했다.

제인은 잘 지내고 있었던 것 같아 보였다. 그러나 언니에게 다아시의 청혼에 대해서 말하는 것을 롱본에 돌아갈 때까지 보류하는 것은 쉬운 일이 아니었다. 언니에게 어느 선까지 말해야 하는지 결정하지 못한 것만 아니라면, 그리고 말을 하다 보면 빙리에 관한 이야기로 이어져서 언니를 더욱 가슴 아프게 할까 봐 걱정되는 것만 아니라면, 말하고 싶은 유혹이 너무나 강해서 터어놓았을지도 모를 일이었다.

제39장

5월의 두 번째 주가 되었고 세 명의 아가씨들은 그레이스처어치를 떠나 허트포드셔로 출발했다. 그들이 베넷 씨의 마차가 기다리고 있기로 한 여관 가까이 갔을 때 키티와 리디아가 이 층 식당 창문 밖을 내다보고 있는 것이 보였다.

모두 식당 테이블에 앉자 리디아가 말했다. "모두에게 좋은 소식이 하나 있어!"

"위컴 씨가 킹 양이랑 결혼할 가능성이 엄청 낮아졌어. 들어봐! 글쎄 킹 양이 리버풀의 삼촌댁에 갔대. 아주 갔다나봐. 이제 우리의 위컴 씨는 안전해."

"메리 킹 양이 안전한 거겠지!" 엘리자베스가 덧붙였다. "돈에 대한 개념이 확실치 않은 사람과 연루되는 것을 피할 수 있으니."

"그를 정말 좋아했다면 킹 양이 떠난 건 정말 어리석은 선택이야."

모두 식사를 마치고 큰 언니들이 식사 요금을 지불한 후에 마차를 불렀다.

집에 돌아가자 부모님이 무척 반겨 주셨다. 베넷 부인은 제인이 여전히 변함없는 아름다움을 가지고 있는 것을 봐서 기뻤고 베넷 씨는 식사 중에 엘리자베스에게 한 번 이상 이렇게 말했다.

"리지야, 네가 돌아와서 정말 기쁘구나."

식사를 위해 모인 인원은 꽤 많았다. 마리아를 마중하러 루카스 가의 사람들도 대부분 와 있었다. 그리고 다양한 주제의 대화가 이어졌다.

오후 내내 리디아는 자매들에게 메리턴으로 걸어가서 장교들이 어떻게 지내고 있는지 보러 가자고 재촉해 댔다. 그렇지만 엘리자베스는 그 계획에 줄곧 반대했다. 그녀는 위컴 씨를 다시 보는 일은 끔찍하게 느껴졌고 가능한 한 피하리라 굳게 결심했다. 연대가 곧 마을을 떠난다는 소식이 주는 위안감이란 이루 말할 수 없을 정도였다. 2주 후면 연대는 완전히 떠나기로 되어 있다. 그리고 일단 연대가 떠나면 위컴에 관한 문제로 더 이상 괴로울 일은 없기를 바랐다.

제40장

　제인에게 그동안 있었던 일을 터놓고 싶은 엘리자베스의 마음은 더 이상 참아낼 인내심이 남아 있지 않았다. 그녀는 다음날 아침 다아시와 자신 간에 있었던 일의 가장 큰 일을 언니에게 이야기했다.

　제인은 다아시 씨가 자신의 감정을 전했던 방식이 그의 감정을 제대로 전하기에는 적합하지 않았던 것을 유감스러워했다. 동생의 거절로 그가 받았을 실망감을 생각하며 더욱 마음 아파했다.

　엘리자베스는 이어서 편지 이야기를 하면서 위컴에 관련된 이야기를 했다. 제인에게 얼마나 충격적인 이야기일까! 언니는 인간에게 그런 사악함이란 존재하지 않는다고 믿으며 살아온 사람인데 온갖 사악함이 한 인간에게 있다는 것을 알게 되다니!

　혼란스러웠던 엘리자베스의 마음은 언니와 이야기를 하자 어느 정도 정리가 되었다. 지난 며칠간 그녀를 짓누르던 비밀 두 개가 사라졌으므로. 그렇지만 비밀이 모두 사라진 것은 아니었다. 너무나 신중히 고려해야 할 일이라 털어놓을 수가 없는 그 비밀이 여전히 있었다. 엘리자베스는 다아시 씨의 편지의 나머지 내용은 감히 언니에게 말할 수가 없었고 다아시 씨의 친구가 얼마나 진정으로 제인을 사모했었는지 역시 설명할 수가 없었다.

이제 집에 돌아왔으니 엘리자베스는 좀 더 면밀히 언니의 진짜 감정이 어떠한지 살펴보기로 했다. 제인은 행복하지 않았다. 제인의 마음속에는 여전히 빙리 씨를 향한 소중한 감정이 남아 있었다.

제41장

집으로 돌아온 후 처음 일주일은 순식간에 흘러갔고 두 번째 주가 시작되었다. 연대가 메리턴에 머무는 마지막 주였고, 마을의 모든 아가씨들은 모두 의기소침해졌다. 너 나 할 것 없이 모두 낙담한 기색이 역력했다.

연대장의 부인인 포스터 부인이 리디아에게 브라이턴으로 함께 가자고 청했고 그녀의 초대를 받자 리디아의 우울한 모습은 곧 사라졌다. 초대를 받은 리디아의 황홀감, 포스터 부인에 대한 그녀의 흠모, 베넷 부인의 기쁨, 그리고 키티의 수치스럽고 분한 마음은 형언하기가 어려웠다.

엘리자베스가 보기에는 이 초대는 전혀 기대할 만한 것이 못 되었다. 그녀는 아버지에게 비밀리에 리디아를 가게 해서는 안 된다고 조언했다.

"리디아는 대중들 앞에 눈에 띄지 않고는 못 배기는 아이잖니. 그리고 지금 상황을 볼 때 리디아가 그런 행동으로 우리 가족에게 부정적인 영향을 끼칠 것이라는 것은 어쩔 수 없는 상황 같구나."

"아버지, 리디아의 부주의하고 경솔한 행동을 사람들이 보게 되면 우리 모두 피해를 입게 된다는 것을. 아니, 벌써 그런 피해를 입었다는 것을 아버지가 아신다면 아마 그 아이 문제를 달리 생각하게 되실 거예요."

"벌써 피해를 입었다고?" 베넷 씨가 되물었다. "뭐, 그 애가 너희들이 사랑하는 사람을 쫓아버리기라도 했다는 거냐? 그 정도 리디아의 어리석은 행동에 연루되기 싫어 도망가는 까다로운 놈이라면 잃어버렸다고 해서 후회할 가치도 없다."

"우리의 중요성, 우리 체면이 분명 그 애의 그런 죽 끓듯 한 변덕에 영향을 받을 게 분명해요. 철면피인데다 모든 하지 말아야할 일들을 멸시하는 게 리디아의 특성이에요."

"그리 불안해하지 마라, 얘야. 너와 제인은 어딜 가나 존경 받고 가치를 인정받을 거다. 만약 리디아가 브라이턴에 못 간다면 롱본엔 평화가 없을 거다. 그러니 그 애를 가게 하자꾸나. 포스터 대령은 지각 있는 사람이니 그 애가 정말 큰 말썽을 피우는 것은 막을 것이다. 게다가 리디아는 남자가 노리고 달려들기엔 너무 가난하지 않니."

그 대답에 엘리자베스는 더 이상 반박할 수가 없었다. 그러나 마음속의 의견은 여전히 같았다. 아버지한테 실망한 엘리자베스는 안타까운 마음으로 물러났다.

엘리자베스는 위컴 씨를 마지막으로 한 번 만나게 되어 있었다. 연대가 메리턴에 머무는 마지막 날 그는 다른 장교들과 함께 롱본에서 식사를 했다. 그녀는 유쾌하게 마지막 대면을 마무리하고 싶은 마음이 조금도 없었다. 그가 엘리자베스에게 헌스포드에서 어떻게 지냈느냐고 물었을 때 그녀는 피츠윌리엄 대령과 다아시 씨가 로징스에서 3주를 머물렀다고 대답했다.

위컴은 놀라고 언짢고 경계를 하는 듯 보였다.

"그를 자주 만나셨나요?"

"네, 거의 매일 만났죠."

"다아시의 태도는 그의 사촌하고는 완전히 다르지요."

"네, 아주 다르지요. 그렇지만 제 생각에 다아시 씨는 알면 알수록 괜찮은 것 같아요. 제가 괜찮다고 한 말의 뜻은 그의 태도가 나아진다는 것이 아니라, 그를 알면 알수록 그의 성향을 더 잘 이해하게 된다는 뜻이랍니다."

위컴은 놀라서 안색이 어두워지고 얼굴에는 동요하는 기색이 역력했다.

"다아시에 대한 제 감정을 잘 아시는 당신이시니 선한 모습을 가장할 수 있을 만큼 교활한 그의 모습에 제가 웃을 수밖에 없다는 것을 기꺼이 이해하시겠지요. 단지 좀 걱정이 되는군요. 항상 경계해 오던 당신인데 그가 무척이나 경외하는 이모님을 방문해서 그가 하는 행동을 보고 그 경계심을 늦추신 것은 아닌지."

그의 말에 엘리자베스는 웃음을 참을 수가 없었다. 그렇지만 고개만 조금 비스듬히 기울인 채 대답했다. 그 이후의 저녁 시간은 여느 때처럼 그는 쾌활하게 보였다. 그러나 더 이상은 엘리자베스와는 눈을 맞추려고 하지 않았다. 그리고 서로 예의를 갖춰 인사를 나누고 헤어졌다. 그리고 두 사람 모두의 마음에 다시는 만나지 않게 되기를 하고 바라는 마음이 있었다.

모임이 끝나고 다음 날 아침 일찍 함께 출발하려고 리디아도 포스터 부인을 따라 메리턴으로 갔다.

제42장

리디아가 떠나고 처음 2, 3주 후에 건강과 유머 감각과 들뜬 분위기가 롱본에 다시 찾아왔다. 모든 것이 훨씬 더 좋아 보였다. 겨울 동안 떠났던 가족들이 다시 돌아왔고 화려한 여름 드레스 준비며 여름날에 대한 계획들이 논의되기 시작했다.

북쪽 지방으로 여행가기로 한 날짜가 다가오고 있었다. 여행 출발일 2주 전에 가디너 부인으로부터 편지가 도착했다. 출발일을 늦춰야 하며 여행 일정을 단축해야 한다는 내용이었다. 따라서 호수 지방으로 가는 것은 포기하고 대신 좀 더 짧은 여행을 할 수밖에 없었다. 그런 일정이라면 멀리 가 봤자 더비셔보다 더 북쪽으로 가는 것은 어려웠다.

엘리자베스는 매우 실망했다. 그렇지만 그녀로선 그것만으로도 만족할 수밖에 없었다.

더비셔가 목적지로 떠오르자 머릿속에 많은 생각이 맴돌았다. 더비셔라는 곳은 엘리자베스에겐 펨벌리와 펨벌리 영주를 빼놓고 생각할 수 있는 곳이 아니었다.

외삼촌 내외가 오려면 4주나 더 있어야 했다. 어찌어찌 4주가 흘러갔고 가디너 내외와 그들의 네 명의 자녀가 드디어 롱본에 도착했다.

가디너 가족은 롱본에서 하루만 머물렀고 바로 다음날 엘리자베스와 함께 새로움과 재미를 찾아 떠났다.

그들은 시골 풍경의 아름다움을 웬만큼 즐긴 후 가디너 부인이 예전에 살던 램턴이라는 작은 마을에 그녀가 아는 사람이 여전히 산다는 소식을 듣고 그들은 램턴에 들렀다. 엘리자베스는 램턴에서 펨벌리까지 5마일도 떨어지지 않았다는 이야기를 외숙모로부터 들었다.

"얘야, 너도 많이 들어 본 그 유명한 곳에 너도 한번 직접 가 보고 싶지 않니?" 외숙모가 물었다.

엘리자베스는 괴로웠다. 그녀는 좋은 저택들을 보는 일에 질렸다고 말할 수밖에 없었다. 사실 좋은 저택이라면 많이 봤다. 더 이상 좋은 카펫이나 멋진 커튼을 또 구경하고 싶은 마음이 없는 것도 사실이었다.

가디너 부인이 엘리자베스를 나무랐다. "멋지게 치장한 좋은 저택이기만 하다면 나라도 별 관심 없을 거다. 그렇지만 그 영지가 얼마나 멋진지 모른다. 이 지역에서 제일 훌륭한 숲으로 유명하단다."

엘리자베스는 더 이상 아무 말 하지 않았다. 그렇지만 마음으론 동의할 수가 없었다. 그곳을 둘러보다가 다아시 씨를 만날지도 모른다는 가능성이 머릿속을 가득 채우고 있었다.

그리하여 그들은 펨벌리로 떠났다.

제3부

제43장

펨벌리로 마차를 타고 가는 동안 엘리자베스는 펨벌리 숲의 모습이 드러나자 안절부절못하며 내다보았다. 그리고 드디어 그들이 숙소에 도착했을 때 그녀의 심장은 심하게 고동쳤다.

엘리자베스는 생각이 매우 복잡해서 아무 말도 할 수가 없었지만 모든 놀라운 장면들과 광경들을 새겨 보았다. 그들은 천천히 반 마일 정도를 올라갔고 상당한 고지에 서 있는 자신들을 발견하였다. 숲은 거기까지였고 눈앞에는 펨벌리 저택이 구불구불 굽은 길이 닿는 계곡 저쪽 편에 서 있는 것이 보였다. 크고 멋진 돌로 된 외벽을 가진 언덕 위에 웅장하게 서 있는 건물이었다. 그 뒤론 나무가 우거진 산등성이가 배경이 되어 주었다. 그리고 꽤나 큰 폭의 시내가 저택 바로 앞쪽에서 그 폭을 더 넓혀 강처럼 흐르는데 전혀 인공적으로 넓힌 것 같아 보이지는 않았다. 강둑은 너무 형식적이지도 치졸하게 치장을 하지도 않은 모습이었다.

그들은 언덕을 내려와 다리를 건너 문 앞에 다다랐다. 가까이서 저택을 바라보자니 그 저택의 주인을 만날까 걱정하던 그녀의 근심이 되돌아 왔다. 저택을 구경하기를 청한 후 그들은 저택 안으로 들어갔다.

매우 고상해 보이는 나이가 지긋한 하녀가 다가왔다. 생각했던 것보다 예쁘지는 않지만 훨씬 더 예의가 바른 여자였다. 그들은 그녀를 따라 식당으로 갔다. 매우 크고 조화가 잘 이루어진 멋지게 차려진 방이었다. 방들은 모두 천정이 높고 멋졌다. 그리고 주인의 재력에 걸맞은 가구들로 채워져 있었다. 그렇지만 지나치게 화려하지도 않고 실용적이지 못할 만큼 좋은 가구들은 전혀 아니었다.

그녀는 하녀에게 정말로 주인이 출타 중이냐고 묻고 싶었다. 그러나 도통 용기가 나지 않았다. 마침내 외삼촌이 바로 그 질문을 해 주었다. 하녀가 그렇다고 대답하면서 다음 말을 이어갈 때 엘리자베스는 놀라서 고개를 돌려 버렸다. "그렇지만 주인님은 내일 오실 거랍니다. 친구 분들 여러 분을 모시고 오시죠. 세상 어디를 봐도 그분 같은 분은 또 없을 겁니다. 아이였을 때 품성이 좋은 사람은 알아볼 수 있죠. 제가 지켜봐서 알아요. 그분이 어릴 때 얼마나 다정다감하셨는지. 세상에서 그렇게 마음이 넓은 아이는 본 적이 없죠."

엘리자베스는 하녀를 거의 노려볼 뻔했다. "설마 다아시 이야기를 하는 건 아니겠지?"라고 그녀는 생각했다.

화랑에는 가족 초상화가 많이 걸려 있었다. 많은 초상화들 가운데 그녀가 알아볼 수 있는 유일한 사람이 드디어 그녀 눈에 들어왔다. 다아시와 무척 닮은 그림이었다. 가끔 그가 그녀를 바라볼 때 짓곤 했던 미소를 머금은 얼굴이었다.

갑자기 바로 그 순간 엘리자베스의 마음속에 초상화가 아닌 실물에 대한 감정이 그동안 그를 알아 왔던 그 어느 때보다 더 부드러워졌다. 하녀가 그에 관해 했던 말들이 그의 인격을 좋게 표현했기 때문인지 그가 그려진 캔버스 앞에 서 있는 엘리자베스는 마치 그녀를 바라보고 있는 듯 한 그림 속의 그가 그 어느 때보다도 감사하게 느껴졌다.

일반인에게 공개된 저택의 모든 부분을 구경하고 나서 그들은 아래층으로 내려왔고 문 앞에서 기다리고 있던 정원사에게로 인계되었다.

잔디밭을 가로질러 강 쪽으로 다가가고 있을 때 저택의 주인이 갑자기 마구간으로 이어지는 길 쪽에서 나타났다.

바로 그 순간 엘리자베스와 다아시의 눈이 마주쳤다. 그리고 두 사람의 뺨이 깊이 붉게 물들었다. 잠시 당황한 듯 얼어붙었지만 이내 그가 움직여 다가왔다. 엘리자베스에게 완전히 침착한 상태를 유지하면서는 아니더라도 완전하게 예의를 갖춰 말을 건넸다.

그녀는 본능적으로 반대 방향으로 걸어갔다. 그러나 다가오는 그를 보고 멈춰 서서 어찌할 바 모르는 당혹감 속에 그가 건네는 인사를 받았다. 부부는 그가 조카에게 이야기하는 동안 약간 거리를 두고 서 있었는데, 엘리자베스는 놀라고 혼란스러워 감히 눈을 들어 그의 얼굴을 쳐다보지 못했다. 지난번 만난 이후 완전히 달라 보이는 그의 태도가 놀라웠다. 그의 입에서 흘러나오는 모든 말 하나하나가 그녀의 당혹감을 가중시켰다.

마침내 더 이상 할 말이 떠오르지 않는 듯 그가 잠시 말없이 서 있더니 갑자기 자신을 추스르고 멀어져 갔다.

놀랍게 달라진 그의 태도가 도대체 무슨 의미를 띠는 것일까? 그가 그녀에게 말을 건넸다는 것 자체가 놀라운 일일 텐데 그렇게 예의바르게 말을 건네고 가족의 안부를 묻다니! 그녀는 단 한 번도 그가 그렇게 젠체하지 않고 말하는 것은 본 적이 없었다.

이렇게 예기치 못한 만남에서 그가 어떻게 그렇게 신사적으로 행동할 수 있단 말인가!

그들은 이제 강가의 아름다운 산책로에 들어섰다.

이렇게 천천히 유유자적하며 걷고 있다가 그들은 또 한 번 놀랐다. 엘리자베스는 다아시가 다시 다가오는 것을 보고 좀 전에 놀랐던 만큼 또 놀랐다. 그는 이미 가까운 곳에서 걸어오고 있었다. 산책로 이쪽 편의 시야가 더 넓었기에 그들은 그가 다가오는 것이 잘 보였다.

그는 그녀에게 자신을 다른 사람들에게 소개해 줄 수 있겠냐고 물었다. 그의 그런 청은 그녀가 전혀 예상치 못한 것이었다.

그는 가디너 씨와 대화를 나누기 시작했다.

낚시가 곧 대화의 주제로 등장했다. 엘리자베스는 다아시가 외삼촌에게 낚시 도구를 제공할 테니 머무는 동안 얼마든지 와서 낚시를 하시라고 초대하는 것을 들었다.

"그가 왜 저렇게 변한 걸까? 도대체 무슨 생각일까? 나 때문은 아닐 테지. 나 때문에 저렇게 부드러워졌을 리가 없잖아. 내가 헌스포드에서 책망 좀 했다고 저렇게 변할 수는 없어. 설마 아직도 날 사랑하는 건 더욱 아닐 테고."

그녀는 자신이 이곳에 오기 전에 그가 부재중임을 확인하고 왔다는 것을 그가 알아주기 바라며 그가 도착한 것은 전혀 예상 밖의 일이었다고 말했다. 그는 그렇다고 인정하면서 집사와 할 일이 있어서 함께 여행하던 다른 일행들보다 몇 시간 일찍 도착하게 되었다고 설명했다. "그들은 내일 늦지 않게 도착할 겁니다." 그가 덧붙였다. "그리고 그들 중엔 당신이 아는 사람도 끼어 있습니다 – 빙리와 누이들이 올 겁니다."

"그리고 또 한 사람이 있는데," 그가 잠시 멈칫하다 이어 말했다. "당신이 램턴에 머무시는 동안에 제 여동생을 당신께 소개한다면 너무 실례일까요?"

그의 말에 모두들 놀랐다.

그는 모두 저택 안으로 들어가서 다과를 하자고 청했지만 그들은 사양했다. 양쪽은 최고의 예의를 차려 인사를 나누고 헤어졌다.

제44장

　엘리자베스 일행이 새로 만나 알게 된 어느 가족하고 산책을 마치고 그들과 함께 저녁 식사를 하기 위해 옷을 갈아입으려 숙소로 막 돌아왔을 때 창문 밖에서 들리는 마차가 다가오는 소리를 들었고 한 신사와 숙녀가 마차를 타고 오고 있음을 보았다.

　다아시 양과 그의 오빠가 등장했다. 그리고 드디어 그 놀라운 만남이 전개되었다. 놀란 엘리자베스는 새로 소개 받은 그녀 역시도 자신만큼 당황하고 있음을 알아차렸다. 램턴에 있으면서 다아시 양이 매우 거만한 사람이라고 들어 왔는데 몇 분 살펴본 그녀는 오히려 극도로 수줍음을 많이 타는 것 같았다. 다아시 양이 한 음절 이상의 말을 하는 것을 들어 보기가 힘들었다.

　빙리가 계단을 재빨리 걸어 올라오는 소리가 들렸고 이내 그가 들어왔다. 그를 향한 엘리자베스의 분노는 사라진지 이미 오래였다. 그렇지만 그런 분노가 남아 있었더라도 그녀를 보고 진심으로 반기는 그의 모습에 아마 사라졌을 것이다. 빙리는 상냥하게, 그렇지만 누구라고 꼭 꼬집지 않고 전체적인 가족의 안부를 물었다. 그리고 늘 그랬던 것처럼 유머 감각 넘치는 편안함으로 대화를 이끌어 갔다.

　빙리를 보자 엘리자베스는 자연스럽게 언니 생각이 났다. 제인의 라이벌인 것처럼 부추겨 졌었던 다아시 양의 행동엔 전혀 의심스러운 부분이 없었다. 특별한 감정을 드러내는 어떤 모습도 두 사람 모두에게서 찾아볼 수가 없었다. 언니의 희망을 무너뜨릴 그 어떤 일도 없어 보였다. 엘리자베스는 그 점에서는 마음이 흡족했다.

그녀는 다아시 씨를 거의 쳐다보지 않았다. 그렇지만 그녀가 그의 모습을 얼핏 보게 될 때마다 그의 상냥한 모습을 보았고 그가 하는 모든 말은 오만함이나 불건전한 정신 상태하고는 전혀 거리가 멀었다. 어제 그녀가 목격한 그의 나아진 태도는 아마도 일시적인 것이긴 할 테지만 어쨌거나 하루 이상은 지속되고 있었다. 몇 달 전만 해도 함께 대화하는 것만으로도 치욕이라고 느꼈을 만한 사람들과 그가 친해지려고 하고 잘 보이려고 애쓰는 모습을 보았을 때 - 즉 그가 그녀한테만이 아니라 그가 공개적으로 하찮게 여겼던 사람들에게도 예의를 갖추는 것을 보았을 때 그리고 그들이 헌스포드 교구에서 마지막 만났던 장면을 회상해 볼 때 이 변화는 굉장한 것이었다. 너무 굉장해서 그녀는 충격과 놀라움을 감추기가 힘들었다.

찾아온 두 사람은 30분 정도 머물다 갔다. 떠나려고 일어섰을 때 다아시는 동생에게 가디너 씨 내외와 베넷 양이 마을을 떠나기 전 펨벌리 저택에서의 저녁 식사에 초대하라고 일렀다.

엘리자베스는 그날 저녁, 펨벌리에 대한 생각을 그 전날 저녁보다 더 많이 했다.

그런 자존심 있는 남자가 그토록 변한 모습은 놀라울 뿐만 아니라 감사하기까지 했다. 사랑, 열렬한 사랑 때문이었다. 그녀는 그를 인정하고 높이 평가하고 감사했다. 그녀는 그의 행복 여부에 진심으로 관심이 갔다. 그녀는 그의 행복이 얼만큼 자신에게 달려있기를 원하는가와 또 만약 그녀가 그로 하여금 청혼의 말을 다시 하게 할 능력이 있다면 그것이 두 사람의 행복에 얼마나 영향을 미칠 것인지 너무나 궁금했다. 그리고 그녀는 믿었다. 아직도 가능성이 있다고.

제45장

저택에 도착하자마자 그들은 거실로 안내되었는데 북부 풍으로 꾸며진 거실은 여름에 꼭 어울려 보였다.

다아시 양이 그들을 맞아 주었는데 그녀는 허스트 부인과 빙리 양, 그리고 런던에서 함께 살던 다른 여자분 한 분과 함께 있었다. 조지아나는 그들을 매우 정중하게 맞아 주었는데 비록 수줍음과 잘못된 행동을 할까 두려운 마음에서 그러는 것이었을 테지만 열등감을 가진 사람이 보기에는 그녀가 오만하고 대하기 서먹서먹한 사람이라는 인상을 줄 수도 있을 것 같아 보였다.

엘리자베스는 빙리 양이 자신을 면밀히 관찰하고 있으며 자신이 다아시 양하고 대화를 나눌 때면 특히나 예의주시하고 있음을 알아차렸다. 엘리자베스는 남자 분들이 들어오기를 기다렸다. 그녀는 저택의 주인이 남자들의 무리에 끼어 있기를 한편으론 간절히 바라고 한편으론 두려워했다. 그렇게 앉아서 15분이 흐르는 동안 빙리 양은 한마디도 하지 않았다. 빙리 양이 갑자기 엘리자베스에게 가족의 안부를 차갑게 물었고 엘리자베스도 똑같이 냉담하고 간결하게 대답을 했다. 빙리 양은 더 이상 아무 말도 하지 않았다.

그러는 동안, 엘리자베스는 자신이 다아시의 등장을 기대하는지 두려워하는지 알게 되는 순간을 맞았다. 드디어 다아시가 들어왔고 그녀는 벅찬 감정에 휩싸였다.

　그가 등장하자마자 엘리자베스는 평온한 마음 상태를 유지하기로 마음을 굳게 먹었다. 꼭 필요한 결심이기는 했으나 지키기에 쉬운 결심은 아니었다. 왜냐하면 모든 이들이 그를 의심의 눈초리로 바라보고 있었기 때문이다. 엘리자베스는 그가 자기 여동생과 엘리자베스가 친해지기를 무척 갈망하고 있음을 눈치 챘다. 기회가 있을 때마다 그는 두 사람을 연결시키려고 애를 쓰고 있었다. 빙리 양 또한 그것을 눈치채지 못할 리가 없었다. 분노를 참지 못하고 비웃는 듯 점잔을 빼며 말했다.

　"엘리자베스 양, 군대가 메리턴을 떠나지 않았던가요? 군대가 떠났으니 가족들이 매우 적적하겠어요."

　다아시 앞에서 그녀는 감히 위컴의 이름을 언급할 마음이 전혀 없었다. 그러나 엘리자베스의 마음속에 가장 먼저 떠오른 이름은 위컴이었다. 그녀가 대답을 하는 동안 자기도 모르게 바라본 다아시와 그의 누이는 혼란 속에 어쩔 줄을 모르는 것 같았다. 다아시는 얼굴이 상기되어 엘리자베스를 간절한 눈빛으로 바라보는 것 같았고 조지아나는 눈을 들지 못하고 있었다. 빙리 양이 자신의 언사로 사랑하는 친구를 얼마나 고통스럽게 하는가를 알았더라면 아마 그런 질문 따위는 하지 않았겠지만 빙리 양은 오로지 엘리자베스를 당황하게 하려는 의도뿐이었다. 다아시 양이 계획적으로 위컴과 도망갔었던 일은 전혀 알지 못하는 빙리 양이었다. 사실 그 일은 엘리자베스를 제외하고는 그 누구에게도 발설된 적이 없는 비밀이었다. 빙리 가와의 친한 관계 때문에 다아시는 특히나 동생 일을 감추고 싶어했다.

　엘리자베스의 차분한 대처로 다아시의 감정은 곧 가라앉았다.

그리고 빙리 양은 짜증나고 실망해서 더 이상은 위컴 이야기는 꺼내지도 않았다. 이내 조지아나도 평정을 찾았다.

위의 질문과 대답이 있은 후 방문은 곧 끝이 났다. 다아시가 그들을 마차로 배웅하고 있는 동안 빙리 양은 엘리자베스의 성격과 행동과 옷을 비난하며 자신의 감정을 분출시켰다.

"도무지가 예쁜 구석이라고는 없는 아가씨야. 허트포드셔에서 처음 봤을 때 저런 여자가 알려진 미모라는 말을 듣고 모두들 정말 기가 막혀 했었던 거 기억나요?"

"그랬지요." 다아시가 더 이상 참지 못하고 대답했다. "그렇지만 처음 만난 날만 그랬고 그녀는 제가 아는 여성 분들 중에 가장 아름다운 여성 중 한 사람이라고 생각하게 된지 이미 오래랍니다."

그러고 그는 가버렸다. 빙리 양은 홀로 남겨져 다른 누구도 아닌 자기 자신에게 비수될 말을 그가 할 수밖에 없도록 자신이 자초한 대가를 치렀다.

제46장

엘리자베스는 램턴에 도착한 이후 제인에게서 편지를 받지 못해서 실망을 했다. 편지가 여전히 도착하지 않은 것을 보고 두 번의 아침마다 그 실망이 계속되었다. 그러다 세 번째 날 두 통의 편지를 한꺼번에 받고서 그녀의 불평은 중단되었다. 두 통 중 한 통의 편지는 다른 곳으로 잘못 배달되었다가 되돌아온 것이었다.

잘못된 곳으로 갔다가 되돌아온 편지는 닷새 전에 쓴 편지였다. 그 편지의 후반부는 동요 속에서 쓴 것임에 분명해 보였는데 매우 중요한 소식을 담고 있었다.

"리지야, 윗부분을 쓴 이후로 정말 기가 막히고 심각한 일이 일어났어. 내가 지금부터 하려는 얘기는 불쌍한 리디아에 관한 거야. 어젯밤 자정에 우리가 모두 잠든 후에 포스터 대령으로부터 급한 전갈이 도착했어. 리디아가 대령의 장교들 중 한 명이랑 스코틀랜드로 도망갔다는 거야. 그 장교란 바로 다름 아닌 위컴이래. 우리가 얼마나 놀랐겠니. 경솔하고 무분별한 사람이지만 내 생각엔 정말 나쁜 의도로 그 애를 데리고 간 것 같진 않아. 적어도 사리사욕과는 관계가 없는 것이 분명하잖아. 우리 아버지가 그 애에게 줄 재산이 전혀 없다는 걸 그 사람도 알 테니까."

편지를 다 읽은 엘리자베스는 다른 한 통의 편지를 얼른 붙잡아 서둘러 개봉하고 읽어 내려갔다.

"정말 나쁜 소식이 있어. 포스터 대령이 어제 오셨어. 그 전날 브라이턴을 떠나셨기 때문에 전갈이 도착한 지 몇 시간 되지 않아 도착하셨어. 리디아가 포스터 부인에게 남긴 편지에는 그레타 그린으로 간다는 말이 있었는데 데니한테 알아본 바로는 위컴은 그레타 그린으로 갈 마음은 전혀 없대. 그리고 리디아랑 결혼할 마음도 전혀 없대. 데니 말로는 위컴은 믿을 사람이 못된다고 했대. 불쌍한 우리 엄마는 몸져누우셨고 방에서 꼼짝도 안 하셔. 상황이 정말 안 좋아. 리지야 네가 가능한 한 빨리 돌아와 줘야겠어. 이런 긴급한 상황에선 외삼촌의 충고와 도움이 정말 절실해. 외삼촌이라면 내가 어떤 기분일지 금방 이해하실거야. 내가 지금 의지할 분은 외삼촌뿐이야."

"아, 외삼촌, 외삼촌 어디 계시는 거예요?" 엘리자베스가 편지를 다 읽자마자 자리에서 박차고 일어나 뛰쳐나가며 절규했다. 너무나 급박한 상황이라 일분일초라도 빨리 외삼촌을 찾고 싶었다. 문을 막 열려고 했을 때 하인이 들어왔고 다아시가 서 있는 것이 보였다. 그녀의 창백한 얼굴과 서두르는 모습에 그가 움찔했다. 그가 다시 정신을 가다듬고 말문을 꺼내기도 전에 머릿속에 리디아의 상황만이 가득한 그녀가 성급하게 외쳤다. "죄송해요. 그렇지만 저 지금 가 봐야 해요. 가디너 씨를 찾아야 해요. 조금도 지체할 수 없는 일이에요. 일 초가 급해요."

"도대체 무슨 일입니까?" 예의로서가 아니라 정말 걱정하는 마음으로 그가 물었다. 그러다 다시 말했다. "아니, 지체시키지 않겠습니다. 그렇지만 부디, 부디 제 하인을 보내 가디너 씨 내외를 찾아보게 해 주십시오."

하인을 다시 불러 그녀는 지금 즉시 가디너 씨 부부를 모셔 오도록 부탁했다. 너무나 숨이 차서 부탁하는 그녀의 말은 잘 알아듣기가 힘들었다.

하인이 나가자 도저히 서 있을 기력이 없는 그녀가 털썩 주저앉았다. 그녀는 무슨 일인지를 설명하다가 눈물을 터뜨렸다. 그리곤 몇 분 동안 아무 말도 하지 못했다. "방금 제인으로부터 편지를 받았어요. 정말 끔찍한 소식이에요. 제 동생이 그녀의 지인들을 버리고 도주를 했대요. 위컴, 위컴이랑. 그 사람 손에 자기를 던져버렸대요. 같이 브라이턴을 떠났대요. 제 동생은 돈도 없고 든든한 배경도 없어요. 그 사람이 관심을 가질만한 그 무엇도 없다고요. 이제 제 동생 앞날은 아주 끝났어요."

다아시는 놀라서 꼼짝도 하지 못했다. "제가 막았었어야 했어요!" 그녀가 더 동요된 목소리로 말했다. "그가 어떤 사람인지 알고 있는 제가 막았었어야 해요. 그가 어떤 사람인지 조금만 설명했더라도, 제가 알고 있는 걸 얘기만 했더라도! 그의 본모습이 알려지기만 했더라도 이런 일은 일어나지 않았을 거예요. 이제 너무 늦어 버렸어요."

"정말 마음이 아픕니다." 다아시가 말했다.

생각에 깊이 잠겨 방안을 걸어 다니는 그의 이마는 찡그려지고 기분은 침울해 보였다. 그런 그의 모습을 엘리자베스가 곧 보았고 순간적으로 그 의미를 이해했다. 그녀가 선점하고 있다 믿었던 유리한 입장은 무너져 내리고 있었다. 하기야 가족의 약점이 이렇게 드러난 터에, 이런 치욕스러운 일이 생긴 터에 그 누구라도 무사할 사람은 없었다.

"비탄에 잠긴 당신께 제가 무슨 말을 해야, 무엇을 해야 위로

가 될까요! 아무 의미도 없는 잘 해결되기 바란다는 말 따위를
해서 당신한테 고맙다는 말이나 끌어내는 일은 하지 않겠어요.
이런 불행한 일이 일어났으니 제 동생이 당신을 오늘 펨벌리에
모시는 기쁨을 누리기는 어렵겠군요."

"아, 네. 저희 대신 다아시 양에게 양해를 구해 주세요. 갑자기
급한 일이 생겨 집으로 즉시 돌아가야 한다고 전해 주세요. 그리
고 가능한 한 이 좋지 않은 일은 알리지 말아 주세요."

그는 비밀을 지킬 것을 약속했다.

그가 방을 나서 떠나갈 때, 그녀는 그들이 이렇게 진심을 가지
고 다시 대면할 일은 불가능할거라 생각했다. 그리고 그들이 알
아 온 지난날을 회상해 보니 얼마나 모순과 변화로 가득찼는지,
그 감정의 심술에 한숨지었다. 예전에는 그 인연의 끝을 기뻐했
을테지만 이제는 그 관계가 지속되기를 바라고 있다니.

그녀는 한시라도 빨리 집으로 가고 싶어 마음이 급했다. 가디
너 씨 내외는 하인의 말을 전해 듣고 조카가 갑자기 아파 쓰러진
줄 알고 놀라서 한달음에 돌아왔다. 가디너 씨는 놀라고 끔찍해
했지만 자신이 할 수 있는 온 힘을 다해 돕겠다고 약속했다. 세
사람이 오로지 한마음 한뜻으로 뭉쳐서 재빠르게 돌아갈 차비를
했다.

제47장

엘리자베스는 현관으로 뛰어 들어갔다. 이층 어머니 방에 있던 제인이 뛰어 내려와 바로 마주쳤다.

두 자매는 눈물을 글썽거리며 애정 어린 포옹을 나누었다. 엘리자베스는 도망간 남녀에 대한 무슨 새로운 소식이 있는지 물었다.

"아직 없어." 제인이 대답했다. "그렇지만 외삼촌이 오셨으니 모든 일이 다 잘 될 거야."

"아버지는 런던에 가신 거야?"

"응, 내가 너한테 편지한 내용대로 화요일에 떠나셨어."

"아버지한테서 연락은 자주 오고?"

"딱 두 번 연락 왔었어. 뭔가 중요한 일이 생길 때까지 편지는 안 쓰시겠다고 했어."

"어머니는? 어머니는 어떠셔? 모두들 어떻게 지내고 있는 거야?"

"엄마는 잘 견디고 계셔. 물론 마음은 많이 복잡하시지. 위층에 계셔. 너랑 외삼촌이랑 숙모를 보시면 좋아하실 거야."

베넷 부인은 예상했던 바처럼 그들을 맞았다. 몇 분 대화를 나누고 나서 후회와 슬픔의 눈물을 쏟아내고 위컴의 불한당 같은 행동에 대해 악담을 퍼붓고 자신이 감당하고 있는 고통과 자신이 악용당하고 있다는 데 대한 불평을 늘어났다. 정작 그른 판단으로 제멋대로 일을 벌인 리디아만을 빼놓고 다른 모든 사람들을 탓했다.

"내가 브라이턴에 가고 싶어 했던 내 뜻만 관철했었더라도," 그녀가 말했다. "가족 모두 함께 갔더라면 이런 일은 일어나지 않았을 거야. 도대체 왜 포스터 내외는 그 애를 제대로 관리를 하지 않았다니? 이제 너희 아버지까지 가 버리셨으니 어쩌니. 아버지는 위컴을 찾아서 결투를 하실 거고 그러다 돌아가실 거야. 아버지가 무덤에서 싸늘한 주검으로 변하기도 전에 콜린스 내외가 우릴 내쫓을 테지. 아, 동생, 자네가 우리를 거둬 주지 않는다면 도대체 우린 어떻게 해야 하는지 난 모르겠어."

가디너 씨는 누이와 누이의 가족에 대한 자신의 애정을 확신시켜 주고 나서 다음날 바로 런던으로 가서 베넷 씨를 도와 리디아를 찾겠다고 말했다.

"그래, 내가 정말 바라던 그런 도움이야. 런던에 가면 꼭 리디아와 위컴을 꼭 찾아 줘. 어디에 있을지 모르지만. 찾아서 그 애들이 결혼 안 하고 있으면 꼭 결혼시켜 줘."

오후에 베넷 가의 자매들 중 첫째와 둘째는 반 시간 정도 자기들끼리 있을 수 있게 되었다. "내가 못 들은 이야기가 있으면 다 해 줘, 언니."

제인이 수첩에서 편지를 꺼내서 엘리자베스에게 주었다.

친애하는 해리엇 씨,

제가 어디로 갔는지를 아시면 웃으시겠죠. 당신께서 내일 아침 제가 없어진 것을 알고 놀랄 모습을 상상하니 저도 웃음이 나네요. 저는 그레타 그린으로 가요. 그리고 제가 누구랑 간 건지 모르신다면 저는 당신을 참 눈치 없는 분이라 부를래요. 이 세상에 제가 사랑하는 사람은 단 한 사람뿐이니까요. 그는 정말 천사 같은 사람이에요. 저는 그 없이는 행복할 수 없어요. 그러니까 함께 떠나는 것만이 길이죠. 원치 않으시면 제가 떠났다고 롱본에 알리실 필요 없으세요. 왜냐하면 제가 나중에 롱본 가족들에게 편지를 보낼 때 제 이름을 '리디아 위컴'이라고 써서 보내면 훨씬 더 깜짝 놀랄 테니까요.

리디아 베넷

"아! 이런 생각 없는, 아무 생각 없는 리디아!" 다 읽은 엘리자베스가 소리쳤다. "편지를 읽어 보니 적어도 그 애만큼은 위컴과 떠나는 문제에 대해서 진지하기는 했다는 것은 알 수 있네. 그가 그 후에 어떻게 그 애를 설득할지는 몰라도 적어도 그 애는 파렴치한 짓을 하려는 건 아닌 거지. 아, 불쌍한 아버지! 이 편지를 읽고 어떠셨을까!"

"누가 그렇게 충격 받는 모습은 처음 봤어. 십 분 동안이나 아무 말씀도 못하셨다니까."

제48장

가디너 씨는 일요일에 롱본을 떠났다. 그리고 그의 부인은 화요일에 그로부터 편지를 받았다. 편지에는 그가 도착하자마자 매형을 찾았고 그레이스처어치 스트리트로 가자고 설득했다고 쓰여 있었다.

이제 롱본의 매일매일은 근심 걱정의 나날이었다.

전혀 다른 곳으로부터 아버지 앞으로 편지 한 장이 도착했다. 콜린스 씨가 보낸 편지였다. 아버지가 안 계신 동안에 아버지 편지를 읽어 보라는 명을 받은 제인이 편지를 개봉해서 읽었다.

친애하는 어르신.

어제 허트포드셔에서 당도한 편지를 읽고 어르신이 지금 비통한 고통을 겪고 계신다는 것을 알게 되었고 저의 사회적인 위치와 우리의 관계를 생각하니 그에 대해 위로의 편지를 보내지 않을 수가 없군요. 지금 따님이 저지른 방탕한 행동은 방종의 정도가 지나쳐서 생긴 일이라는 점에서 더욱 안타깝습니다. 어르신, 제가 충고를 드리자면, 지금 가능한 한 스스로를 위로하시고 그 자격 없는 아이를 내치십시오. 자신이 저지른 가증스러운 짓의 대가를 스스로 받게 하셔야 합니다.

가디너 씨는 포스터 대령으로부터 답신을 들을 때까지 편지를 보내지 않았다. 답신에도 좋은 소식이란 없었다. 위컴은 연락을 하고 지내는 사람이 아무도 없다고 했다. 리디아의 가족들한테 들킬까 두려워하는 마음 외에도 지금의 참혹한 그의 재정 상태 는 숨어 지내기에 충분한 동기를 제공하는 일이었다. 알아낸 바 로는 그는 상당한 양의 도박 빚을 남기고 떠났다고 했다. 포스터 대령은 그가 브라이턴에서 진 빚을 청산하려면 천 파운드 이상 이 필요할 것이라고 했다.

가디너 씨는 편지에 베넷 씨가 토요일에 집으로 돌아갈지도 모른다고 썼다. 바로 다음날 남편이 돌아올지도 모른다는 소식 을 듣자 베넷 부인은 전에 그의 생사 여부에 맘을 졸였던 바와는 매우 다르게 생각만큼 기뻐하지 않았다.

"리디아와 위컴을 찾을 때까지 런던을 떠나실 리가 없어. 만 약 너희 아버지가 집으로 와 버리시면 누가 위컴이랑 싸워서 리 디아랑 결혼하게 만들 수 있겠어?"

베넷 씨가 도착했을 때 그는 평소와 다름없이 침착하고 냉정 해 보였다. 말도 평소처럼 아꼈다. 런던에서 있었던 일에 대해서 도 아무 말도 하지 않았다.

엘리자베스가 용기를 내서 그 문제에 대해 이야기를 꺼냈다. 아버지가 견뎌내야 했을 어려움에 대해서 엘리자베스가 안타까 움을 표현하자 그가 대답했다. "그런 말 말거라. 다 내 잘못이니 내가 당연히 감당해야 할 일 아니더냐."

"아버지, 그렇게 자책하지 마세요." 엘리자베스가 대답했다.

"아버지, 전 도망가지 않을게요." 키티가 초초해하면서 말했 다. "제가 혹시 브라이턴에 가게 되면 전 리디아보다는 훨씬 얌 전하게 행동할게요."

"브라이턴에 간다고? 키티야, 안될 말이다. 적어도 이번 일로 난 드디어 매사에 신중해야 한다는 것을 배웠다. 그리고 이제 그 영향력이 어떤 것인지 알게 될 거다. 이제 장교란 장교는 내 집에 절대 발을 들여놓을 수가 없다. 우리 마을을 지나가지도 못하게 할 것이다. 그리고 무도회도 절대 금지다."

아버지의 위협적인 말을 심각하게 받아들인 키티가 울기 시작했다.

제49장

베넷 씨가 돌아온 지 이틀이 되던 날 엘리자베스와 제인은 가정부가 자기들을 향해서 오는 것을 보았다.

"아가씨," 힐 부인이 말했다. "가디너 씨가 주인님께 보낸 특사가 와 있어요. 주인님께서 편지를 전해 받으셨어요."

이 소식을 듣자마자 그들은 발로 복도를 지나 잔디밭을 가로질러 아버지를 뒤쫓아 갔다. 아버지는 방목장 옆의 작은 숲 쪽으로 걸어가시는 중이었다.

"아, 아버지, 무슨 소식, 무슨 소식이었어요?"

"너희 외삼촌이 특사 편에 보낸 편지가 여기 있다."

친애하는 매형.

매형이 토요일에 떠난 직후 리디아와 위컴이 있는 곳을 다행히 찾았습니다. 결혼은 아직 안 했더군요. 결혼할 의사가 있는 것 같아 보이지도 않았습니다. 그렇지만 제가 매형을 대신해서 한 약속들을 매형이 시행하시면 그 애들이 결혼하는 것은 시간 문제입니다. 그렇게 되기 위해서 매형이 하셔야 할 일은 리디아에게 유산 오천 파운드의 같은 비율을 다른 자매들과 똑같이 매형과 누나의 사후에 준다는 보장과 그리고 매형이 살아 계시는 동안엔 매년 백 파운드씩 준다는 약속을 하시는 것입니다. 모든 정황을 고려해 볼 때 제가 보기에는 그 정도면 충분히 동의할 만한 조건이라고 생각합니다. 만약 매형도 동의하신다면 제가 매형의 이름으로 모든 일을 처리할 수 있도록 제게 권한을 위임해 주시면 됩니다. 그러면 제가 허거스턴에게 차질 없도록 일을 성사시킬 준비를 하라고 이르겠습니다.

에드 가디너 드림

"그럼," 엘리자베스가 말했다. "제 생각엔, 이 조건들은 들어주셔야지요."

"그래, 그래, 그 아이들은 결혼해야한다. 그 길만이 길이야. 그렇지만 지금 내가 꼭 알고 싶은 것이 두 가지가 있구나. 하나는 너희 외삼촌이 이 일을 성사시키기 위해서 뒷돈을 얼마나 제시했느냐와 또 다른 하나는 내가 어떻게 그 돈을 갚을 지로구나."

"돈이라고요, 무슨 말씀이세요." 제인이 말했다.

"내 말은 그런 놈이 내 평생 일 년에 백 파운드 그리고 내가 죽은 후 연 오십 파운드로 리디아랑 결혼할 유혹을 느낄 리가 없다 이거다."

"어머나! 외삼촌이 손을 쓰신 게 분명해요! 아, 관대하신 외삼촌, 정말 좋으신 분. 얼마나 괴로우셨을까. 적은 돈은 아니었을 게 분명하잖아요."

"물론 아니지. 만 파운드보다 적은 돈으로 리디아를 데려간다면 위컴은 바보다."

"만 파운드요! 어머 어째! 그 절반도 갚기가 어려울 텐데요."

베넷 씨는 아무 대답도 하지 않았다. 세 사람은 모두 깊은 상념에 잠겨 집에 도달할 때까지 아무도 말을 꺼내지 않았다.

메리와 키티는 둘 다 베넷 부인과 함께 있었다. 그러므로 한 번 설명으로 소식은 다 전할 수 있는 셈이었다. 잠시 뜸을 들인

후 편지를 크게 읽었다. 베넷 부인은 좀처럼 벅차오르는 감정을 억누를 수가 없었다. 리디아가 곧 결혼할 수도 있다는 희망이 담긴 가디너 씨의 편지를 읽자마자 베넷 부인은 기쁨을 터뜨리듯 표현했다. 그리고 그 넘치는 기쁨이 가득 담긴 말들을 늘어놓았다. 이제 그녀는 놀람과 고통 속에 안절부절 못했던 그 어떤 때보다 더 심하게 과민하게 반응했다. 다만 이번엔 기쁨으로 인한 초조감이라는 것만 다를 뿐. 그녀의 딸이 결혼하게 된다는 소식은 그녀의 그런 극적인 반응을 끌어내기에 충분했다.

"오, 내 딸 리디아!" 그녀가 환호했다. "정말 기쁜 소식이구나! 그 애가 결혼을 한단다! 아, 내 딸 리지야, 아버지께 달려가서 그 애에게 얼마를 주실 생각인지 여쭤 보고 오거라. 너희 외삼촌이 당연히 해 주실 거다. 만약 외삼촌이 결혼을 안 했더라면 나랑 너희들이 외삼촌 돈을 다 물려받았을 거 아니겠니. 아, 이제 곧 나도 결혼한 딸을 갖게 되는구나. 위컴 부인! 얼마나 멋지니? 겨우 지난 6월에 열여섯 살이 된 아이인데."

혼자 방해 받지 않고 생각하고 싶은 엘리자베스는 자기 방으로 가서 앉았다.

불쌍한 리디아의 처지는 분명 좋을 리가 없었다. 그렇지만 지금 상황은 더 악화된 것은 아니다. 감사할만한 충분한 이유였다. 불과 두 시간 전에 두려워했던 바를 돌이켜 보면 그들이 맞이하게 된 상황이 매우 다행스러운 일이라 여겨졌다.

제50장

그 누구한테도 도움이 되지 않는 일을 처남에게 모두 떠넘기게 된 것에 대해서 베넷 씨는 무척 마음이 쓰였고 가능하다면 반드시 처남이 얼마나 많은 돈을 썼는지 알아내서 가능한 한 빨리 채무를 변제해야겠다고 결심했다.

베넷 부인은 딸들과 오천 파운드를 주겠다고 결혼 후 받을 유산의 금액을 정해 놓았다. 그렇지만 그 오천 파운드를 딸들 사이에 어떤 비율로 나눌지는 부모의 유언에 달렸다. 그렇지만 적어도 리디아에 대해서는 그 부분에 대해서 지금 정해지는 것이었다. 그리고 베넷 씨는 눈앞에 놓인 제안에 동의하는 데 망설일 수가 없었다.

결혼에 대한 소식은 빠르게 퍼졌다. 먼저 집 안에 퍼지고 온 마을 전체에 같은 속도로 퍼져 나갔다.

베넷 부인이 아래층에 내려오지 않은지 2주일이나 되었지만 기쁜 이날 그녀는 내려와 무척 찌를 듯이 고조된 기분으로 들떠 다시 테이블 머리맡의 그녀의 자리에 앉았다. 그녀는 딸이 살게 될 적당한 집을 찾느라고 바빠졌다. 딸 네의 수입은 알지도 못하고 고려해 볼 생각도 없이 크기가 작거나 볼품없어 보이는 집은 퇴짜를 놓았다.

베넷 씨는 하인들이 주변에 있을 때는 베넷 부인이 마음대로 말하도록 내버려 두었다. 그러나 그들이 물러난 후 그녀에게 말했다. "부인, 당신이 리디아와 사위한테 이 집 전부를 내어 주기 전에 분명히 말해 두겠소. 이 마을에 그 애들이 발을 들여놓을 수 없는 집이 하나 있다는 것을 기억하시오."

그는 어떤 경우에서도 자신은 그들에게 애정을 표현하지 않겠다고 분명히 못을 박았다. 베넷 부인은 도무지 그런 남편을 이해할 수가 없었다. 그녀는 딸이 결혼식에 입을 새 옷이 없는 것이 결혼도 안한 딸이 위컴과 함께 도망가서 2주일을 살았다는 사실보다 더 치욕이라고 생각했다.

엘리자베스는 자신이 비탄에 젖어 다아시 씨에게 동생 걱정을 털어놓은 것이 몹시 후회스러웠다. 어쨌든 이젠 그들 사이에 건널 수 없는 강이 생긴 것 같았다. 엘리자베스는 리디아의 결혼이 아주 영예롭게 치러지는 것이라 하더라도 다아시 씨가 자신이 경멸할 만한 충분한 이유가 있는 사람을 가족으로 맞게 될 집안과 자신을 연관시키는 일은 분명 없을 거라고 결론지었다.

그녀는 이제야 그가 기질 면에서나 재능 면에서나 바로 자기에게 꼭 어울리는 사람이라는 것을 막 깨달아 가고 있었다. 그의 이해심과 성향은 비록 자기 자신과는 매우 달랐지만 그래도 그녀의 모든 바람을 충족시킬 수 있을 것 같았다. 두 사람이 결합했더라면 양쪽 모두에 도움이 되었을 것이다. 그녀의 느긋함과 쾌활함으로 그는 한결 마음 편한 생활을 할 수 있었을 것이고 그의 태도도 변할 것이며, 그의 판단력, 정보와 지식으로 그녀 역시 굉장한 득을 누릴 수 있었을 것이다.

가디너 씨는 곧장 매형에게 답장을 했다. 이번 편지의 중요한 목적은 위컴이 원래 소속이던 민병대를 그만두기로 결정했다는 것이었다.

위컴이 북부에 주둔해 있는 정규군에 바로 합류하기를 원합니다. 우선 그 전에 롱본에 들렀다 가라는 말씀이 있으면 롱본에 들렀다 갈 것입니다. 제 아내 말로는 남부를 떠나 북부로 가기 전에 리디아가 꼭 가족들을 보고 싶어 한다고 합니다.

가디너로부터

베넷 씨와 딸들은 모두 위컴이 떠나기로 한 것이 잘된 일이라고 생각했다. 그렇지만 베넷 부인은 그 소식에 그다지 기쁘지 않았다. 결혼한 딸 리디아를 옆에 두고 보는 기쁨과 자랑스러움을 기대했던 터였는데 리디아가 북부로 살러 간다니 실망이 이만저만이 아니었다. 게다가 모든 사람하고 다 잘 알고 지내고 좋아하는 사람도 많은 군대를 떠나게 된 딸이 너무 안쓰러웠다.

딸이 북부로 떠나기 전에 집에 들르고 싶다는 소망은 처음에는 절대적인 아버지의 반대에 부딪쳤다. 그렇지만 제인과 엘리자베스가 동생의 기분과 장래를 생각해서 딸의 결혼을 부모가 정식으로 인정해야 한다고 아버지를 적극적으로, 그렇지만 합리적인 선에서 부드럽게 설득했다. 그래서 리디아와 리디아의 남편을 결혼식이 끝나자마자 롱본으로 초대해야 한다는 그들의 의견대로 아버지를 설득하는 데 성공했다. 그녀들의 어머니는 결혼한 딸이 북부로 사라지기 전에 마을 사람들에게 데리고 다니며 자랑할 기회를 얻게 되었음에 매우 만족해 했다. 베넷 씨는 처남에게 다시 편지를 써서 그 애들이 와도 좋다는 허가 의사를 표현했다. 그렇게 그들은 결혼식이 끝나자마자 롱본으로 오는 것으로 결정되었다.

제51장

리디아의 결혼식 날이 왔다. 리디아 부부를 데려올 마차가 떠났고 저녁 시간까지는 도착할 것이었다.

마차가 문 앞에 정차했을 때 베넷 부인의 얼굴에 미소가 퍼졌고 그녀의 남편은 이해할 수 없으리만큼 침착했으며 그녀의 딸들은 놀라고 염려하며 어색해 했다.

리디아의 목소리가 현관에서부터 들려왔다. 문이 활짝 열렸고 리디아가 뛰어 들어왔다. 그녀의 어머니가 다가가서 그녀를 얼싸 안으며 기쁘게 환영했다. 이어서 뒤따라 들어오는 위컴에게 애정 가득한 미소를 지으며 손을 내밀었다.

리디아 내외는 베넷 씨에게 인사를 했지만 그는 그다지 진심 어린 환영을 보여 주지 않았다. 그의 표정은 근엄했고 거의 말을 하지 않았다. 어린 부부의 태연한 뻔뻔함은 그를 화나게 하기에 충분했다. 엘리자베스는 정나미가 뚝 떨어졌고 제인조차도 충격을 받았다. 리디아는 여전히 리디아일 뿐이었다. 제멋대로에다가 뻔뻔하고 정신없이 시끄러운데다 겁내는 것이 없는 모습 그대로였다.

위컴은 매우 예의바르게 행동했다. 그의 성격과 결혼이 딱 그만큼만 제대로 이었더라면 아마 그의 미소와 편안하게 사람을 대하는 모습이 모두에게 좋게 보였을지도 모를 일이었다. 엘리자베스는 그가 그 정도로 뻔뻔한 줄은 정말 몰랐었다.

시간이 흐른다고 해서 처음부터 아예 없었던 당혹스러움이 리디아를 찾아올 것 같지는 않았다. 시간이 지날수록 그녀의 사기는 더욱 마음 편하게 올라갈 뿐이었다. 그녀는 필립스 부인, 루카스 가 사람들 그리고 이웃 모두를 만나서 그들 하나하나로부터 '위컴 부인'이라고 불리고 싶어했다.

리디아에 대한 위컴의 애정은 엘리자베스가 예상했던 대로였다. 리디아가 그를 생각하는 것보다 훨씬 덜했다. 엘리자베스는 그들이 함께 도망간 것이 동생에 대한 그의 사랑 때문이 아니라 동생의 사랑이 훨씬 더 강했기 때문에 생긴 일이라는 것을 여러 가지로 더 이상 확인하고 싶지 않았다.

그들이 도착한 후 얼마 지나지 않은 어느 날 아침 리디아가 큰 언니 둘째 언니와 함께 앉아 있다가 엘리자베스에게 말했다.

"리지 언니, 내가 내 결혼식 이야기 안 해 줬지? 우리 세인트 클레멘트에서 결혼했어."

"내가 외삼촌댁에 있는 동안 외삼촌이랑 외숙모가 정말 나한테 끔찍하게 엄하게 대하셨어. 집 밖으로 한 발자국도 못 나갔다니까. 마차가 우리를 데리러 왔는데 외삼촌은 그 끔찍한 스톤 씨한테 볼일이 있어서 가고 안 계셨어. 난 정말 겁이 나서 어쩔 줄을 몰랐어. 외삼촌이 내 손을 잡고 결혼식장에 들어가셔야 하는데 안 계시니까. 그런데 나중에 생각해 보니까 외삼촌이 결혼식장에 못 오셨더라도 결혼식이 연기되거나 하지는 않아도 되었어. 왜냐하면 다아시 씨가 날 데리고 들어가도 되는 거였으니까."

"다아시 씨라고!" 엘리자베스가 놀라서 되물었다.

"응, 그가 위컴이랑 같이 오기로 되어 있었거든. 어머, 이걸 어째! 깜박했네! 이 말은 하면 안 되는 거였는데. 말하지 않겠다고 굳게 약속했거든. 위컴이 알면 뭐라고 할까? 비밀이었는데!"

"비밀이었으면," 제인이 말했다. "더 이상 아무 말도 하지 마. 더 이상 안 물어볼 테니까."

엘리자베스는 궁금해서 참을 수가 없었기에 편지지를 서둘러 한 장 찾아 외숙모에게 짧은 편지를 썼다. 리디아가 실수로 흘린 이야기가 정말 사실인지에 대한 설명을 듣고 싶었다.

제52장

그녀는 편지의 답장을 손에 받아들자마자 제일 남의 눈에 띄지 않는 어린 잡목숲 안으로 서둘러 들어가 벤치 위에 앉아 기대에 부풀었다. 편지의 길이로 봐서 사실과 다르다는 내용을 읽게 될 것 같지는 않았다.

그레이스 처어치 가, 9월 6일.

내 사랑하는 조카에게

내가 롱본에서 집으로 돌아오던 바로 그날 예기치 못한 손님이 너희 외삼촌을 찾아왔단다. 바로 다아시 씨였지. 외삼촌에게 네 동생과 위컴이 있는 곳을 알았다는 말을 전하러 왔더구나. 그는 그때 이미 그 둘과 만나 이야기를 나누었다고 했다. 그는 우리가 더비셔를 떠난 바로 다음날 그 아이들을 찾으러 런던으로 왔단다. 그는 젊은 아가씨가 위컴 같은 사람을 사랑하고 신뢰하지 못하도록 위컴이 형편없는 사람이라는 것을 알리지 못한 데 대한 양심의 가책 때문에 그렇게 하게 되었다고 하더라. 그는 모든 것이 자신의 잘못된 오만함 탓이며 전에는 그런 일을 개인적으로 하는 것은 자기 신분에 어울리지 않는 것이라고 생각했었다고 고백했단다.

예전에 다아시 양의 가정교사였던 영 부인이라는 여자가 어떤 잘못된 행동 때문에 해고된 적이 있는 모양이다. 무슨 일이었는지는 말하지 않아서 모르겠다만 말이다. 이 영 부인이 위컴하고 매우 가까운 사이라는 것을 알고 있던 다아시 씨가 뇌물을 좀 주고서 위컴이 있는 곳을 알아낸 거 같더라. 그래서 위컴을 만나게 되었고 리디아도 보게 해 달라고 했다지. 처음에는 리디아를 설득해서 불명예스러운 그 상황을 그만두고 친구들에게로 돌아가라고 설득할 생각이었는데 리디아가 절대 마음을 바꿀 생각이 없는 것을 보고 위컴을 절대로 떠나지 않겠다 싶었단다. 리디아는 자기들이 분명 결혼하게 될 거라고 굳게 믿고 있었대. 만약 그게 리디아의 본심이라면 할 수 있는 일이라곤 결혼이 분명히 성사되도록 그리고 빨리 성사되도록 하는 것뿐이라고 생각했대. 처음 그런 내용을 위컴에게 말하니까 위컴은 전혀 그럴 생각이 없다고 했대. 그는 자기는 빚 때문에 매우 긴급한 상황이 되어 군대를 떠날 수밖에 없었고 리디아가 따라 나선 건 순전히 리디아가 우둔하기 때문이라고 아무 거리낌 없이 말했다나 봐.

다아시 씨가 보니까 위컴은 여전히 어딘가 다른 곳에 가서 결혼으로 한몫 단단히 잡을 생각을 가지고 있더래.

위컴은 물론 자기가 받을 자격이 있는 만큼보다 훨씬 더 많은 것을 바랐지만 결국 합리적인 선으로 가격 조정을 할 수 있었나 봐.

다아시 씨는 그러고서 바로 너희 외삼촌을 찾아온 거야.

리지야, 이 이야기는 너만 알고 있어야 해. 꼭 알아야 한다면 제인에게는 말해도 괜찮겠지만 그 이상은 비밀이다.

리디아 부부를 결혼시키기 위해서 어떤 거래가 있었다는 거다. 그의 빚을 청산해 주기로 한 거야. 아마 적어도 천 파운드 이상은 될 테지, 아마? 리디아 그 애가 받기로 한 천 파운드에 또 천 파운드를 더해서 주기로 하고 위컴의 장교 자리도 사 주었어.

이 모든 일이 해결되고 나서 그는 결혼식 때 다시 런던에 와서 모든 돈 문제를 해결하기로 하고 친구들이 기다리는 펨벌리로 돌아갔어.

그의 이해심이나 식견 등은 전부 내 마음에 든다만 좀 더 명랑했으면 좋겠구나. 그렇지만 그건 그가 현명한 결혼을 선택한다면 아내가 고쳐 주겠지. 내가 보기엔 다아시 씨가 비밀스러운 데가 있더구나. 글쎄, 그가 네 이름을 한 번도 언급조차 안 했지 뭐니. 그렇지만 요즘은 비밀스러운 것이 유행인 것 같구나.

내가 너무 넘겨짚었다면 용서하거라.

가디너 외숙모가

이 편지의 내용은 엘리자베스의 가슴을 심하게 쿵쾅거리게 만들었다. 기쁨이 더 큰 건지 고통이 더 심한 건지 도무지 알 수가 없었다. 그가 일부러 런던으로 갔었다니. 스스로 문제를 떠안고 굴욕을 참아 가면서 그들을 찾았다니. 그렇게 싫어하고 경멸하는 여자한테 청을 하면서까지, 그리고 또 가장 피하고 싶은 이름을 거론하는 것 조차도 괴로운 사람을 만나서, 한 번도 아니고 자주 만나서 이해시키고 설득하고 그리고 뇌물까지 주고, 이 모든 것을 한 여자 때문에 한 것이다. 그녀는 마음속으로 그가 자신을 위해 이 모든 일을 한 것이라고 속삭이고 있었다. 그렇지만 좀 더 생각하자 희망은 멈추었다. 위컴과 동서 지간이 되는 것! 그것은 그의 자존심이 절대 허락하지 않을 일이었다. 분명 그는 큰일을 해 주었다. 엘리자베스는 그가 해 준 일이 얼마나 큰일인가를 생각하자 부끄러웠다. 그는 자신의 행동에 대한 이유를 설명했고 그것을 못 믿을 특별한 이유가 있는 것도 아니었다. 자신에게 잘못이 있었음을 인정할 만하고 그에게 관대한 마음이 있고 또 그것을 실천에 옮길 만한 재력이 있었던 것이다. 물론 자신이 그가 한 행동의 주요 동기라고 생각하지는 않았지만 엘리자베스는 자신에 대해 남아 있는 그의 좋은 감정이 자신의 마음의 평화와 현저한 관계가 있는 이 문제에 있어 그가 그렇게 행동하도록 어느 정도 돕지 않았을까 믿어 볼 수도 있을 것 같았다.

누군가 다가오는 소리에 그녀는 상념에서 깨어나 자리에서 일어났다. 다른 길로 들어서기 전에 위컴이 추월해 왔다.

"혼자서 산책하는 것을 방해한 거라면 정말 죄송합니다, 처형. 우린 늘 친구였지요? 이젠 더 가까운 관계가 되었지만."

"그렇죠. 다른 사람들도 산책 나오나요?"

"모르겠습니다. 베넷 부인과 리디아는 마차로 메리턴에 가고 있을 겁니다. 처형, 제가 외삼촌과 외숙모로부터 들은 이야기에 따르면 처형이 펨벌리를 실제로 보셨다죠?"

그녀는 그렇다고 대답했다.

"램턴에 있는 동안 그를 만났나요? 가디너 외삼촌 내외께 들으니 만났다는 것 같던데."

"네, 그의 여동생도 소개 받았죠."

"그녀가 마음에 드시던가요?"

"네, 무척이요."

"킴턴 마을도 지나가셨나요?"

"그런 기억은 없네요."

"그곳이 제가 물려받을 수도 있었던 바로 그곳입니다."

"설교하는 것을 좋아하셨을 거라 생각되시나요?"

"물론이다마다요. 제게 맡겨진 임무라고 생각했어야 했는데… 처형이 켄트에 머무는 동안 다아시가 그런 상황에 대해 이야기하던가요?"

"다른 정통한 소식통으로부터 들은 바로는 조건부로 남겨진 것이고 현재 후원자의 의지에 달린 문제라고 하던걸요."

"들었군요. 그래요, 그런 것도 있었습니다. 처음부터 제가 그렇게 말씀드렸지요. 아마 기억하실지 모르지만."

동생을 위해서 그를 자극하고 싶지 않았던 엘리자베스는 온화한 표정으로 말했다.

"위컴 씨, 우린 이제 가족이잖아요. 지나간 과거를 두고 언쟁하지 말아요. 앞으로 우리 의견이 분분할 일이 없었으면 좋겠어요."

그녀가 손을 내밀었고 그는 어색해하면서도 매우 애정 어린 정중함을 표현하며 손등에 입을 맞췄다. 그리고 그들은 집으로 들어갔다.

제53장

리디아와 그가 떠나는 날이 곧 다가왔다.

"정말 괜찮은 사위란 말이지." 그들이 집을 나서자마자 베넷 씨가 말했다. "저런 친구는 정말 첨 봐. 억지웃음을 실실거리고 능글능글 웃어 대고 아무나 보고 다 애정 표현을 해 대고. 정말 믿을 수 없게 자랑스럽다니까."

딸을 떠나보낸 베넷 부인은 며칠 동안이나 기운이 없었다.

그러나 그녀의 풀 죽은 기분은 오래가지 않았다. 곧 돌기 시작한 새로운 소식에 그녀는 다시 희망에 부풀어 흥분하기 시작했다. 네더필드의 가정부가 주인을 맞을 채비를 하라는 명령을 받았다는 것이다.

"있잖아, 언니, 빙리 씨가 곧 온다네." (필립스 부인이 소식을 가져온 사람이었다.) "뭐, 잘됐네. 나랑 상관있는 일도 아니긴 하지만. 너도 알다시피, 그는 우리한테 아무 의미도 없는 사람이야. 다시 만나기를 바랄 일은 없을 거야."

베넷 양은 그 소식을 듣자 안색이 변했다. 그녀가 그의 이름을 엘리자베스에게 거론한 지도 몇 개월이 지났지만 그 둘이 홀로 남겨지자마자 그녀는 말했다.

"그가 온다는 소식은 기쁨도 고통도 아니야. 그가 혼자 온다는 점 한 가지는 마음에 든다. 왜냐하면 우리가 그를 볼 일이 그만큼 적을 테니까. 내가 그를 만나는 것을 두려워하는 게 아니라 사람들이 뭐라고 할까 봐 걱정돼서 그래."

그가 도착할 날이 다가오자 엘리자베스는 자신의 기분에 변화가 있음을 느꼈다. 그녀의 감정은 평소보다 훨씬 더 균형을 잃은 동요된 상태였다.

빙리 씨가 도착했다. 베넷 부인은 초대장을 보내기 전에 며칠 동안이나 참고 손을 꼽아 기다렸다. 그가 허트포드셔에 도착한 지 사흘째 되던 날 그가 목장을 가로질러 집 쪽으로 말을 타고 오고 있는 것을 침실 창문을 통해 보았다.

그녀는 기쁜 소식을 전하려고 딸들을 불렀다. 제인은 꼼짝 않고 테이블에 앉아 자리를 지켰다. 그렇지만 엘리자베스는 엄마가 시키는 대로 창문 쪽으로 가서 내다보았다. 다아시도 함께 있는 것이 보였다. 그래서 얼른 자리로 돌아가 언니 옆에 앉았다.

그녀는 침착해지려고 애쓰면서 의식적으로 하던 일에 집중했다. 감히 눈을 들지도 못하고 있다가 초조하고 궁금해서 언니의 얼굴을 쳐다보았다. 신사들이 들어오자마자 얼굴이 상기되었다. 그래도 그녀는 어떤 적의의 낌새도 불필요한 상냥함도 없이 꽤나 편안하게 그들을 맞이했다.

엘리자베스는 두 사람 모두에게 예의상 필요한 정도 이상은 말을 하지 않았고 다시 언니 옆에 가서 앉아 평소보다 훨씬 열의를 가지고 바느질을 했다. 딱 한번 다아시를 힐끗 쳐다보았다. 그는 진지해 보였다.

빙리도 잠깐 쳐다보았는데 그 짧은 동안에 보아도 그는 기뻐 보이기도 했고 당황스러워하는 것도 같았다. 그녀의 어머니는 딸들을 창피하게 만들 만큼 도에 넘는 친절함으로 빙리를 맞이

했는데 그녀의 그런 행동은 그의 친구를 대하는 차갑고 형식적인 태도와는 매우 대조적이었다.

그녀의 어머니가 가장 예뻐하는 딸을 씻을 수 없는 오욕으로부터 구해 준 사람이 바로 그라는 것을 아는 엘리자베스는 특히나 너무나 잘못된 차별에 심히 마음이 아팠고 괴로웠다.

제54장

　그들이 돌아가자마자 엘리자베스는 기분 전환을 위해 산책을 나갔다. 다아시 씨의 행동에 그녀는 놀라고 초조했다.

　"아니, 도대체 왜, 그냥 아무 말도 않고 가만히 있을 거면 그리고 그렇게 냉담할 거면 왜 온 거야?" 그녀가 말했다. "짓궂은 사람, 짓궂은 사람이야, 정말. 그 사람 생각은 더 이상 하지 않을래."

　그녀의 결심은 언니가 다가오는 바람에 본의 아니게 잠시 동안 지켜졌다. 언니는 기분이 매우 좋아 보였다. 제인은 손님들에 대해서 엘리자베스보다는 만족한 모양이었다.

　"만나 보고 나니 마음이 한결 편해졌어." 제인이 말했다. "난 나 나름대로 장점이 있으니까 다시는 그가 온다고 해서 당황하거나 하지 않을래."

　"내가 보기에는 언니가 그로 하여금 전보다 훨씬 더 언니를 사랑하게 만들고 있는 거 같네."

　그녀들은 그들을 화요일이 되어서야 다시 만날 수 있었다.

　가장 기다렸던 두 사람은 정말 딱 좋은 시간에 왔다. 그들이 식당에 들어올 때 엘리자베스는 간절한 마음으로 빙리가 어디에 앉는지를 지켜봤다. 예전에 그는 늘 제인 옆자리에 고정적으로 앉았었다. 식당에 들어오자마자 그는 잠시 주저하는 것 같았다.

그러나 그때 마침 제인이 웃는 얼굴로 돌아보았다. 앉을 자리가 결정되는 순간이었다. 그는 제인 옆자리에 자리를 잡았다.

저녁 식사 시간 내내 그가 언니를 대하는 태도는 전보다는 훨씬 조심하는 듯 했지만 그래도 그녀를 아끼는 마음을 충분히 보여 주었다. 엘리자베스가 보기에 제인과 빙리 자신의 행복은 오로지 빙리 자신에게 달려 있음이 확실해 보였다. 다아시 씨는 엘리자베스와 매우 거리가 먼 곳에 앉아 있었다. 그의 옆자리에는 그녀의 엄마가 앉아 있었는데 비록 너무 멀어 거의 들리지는 않았지만 그 두 사람은 거의 대화를 나누지 않았고 어쩌다 대화를 나눌 때면 무척 형식적이고 냉담한 태도로 일관하고 있었다. 어머니의 퉁명스러운 태도는 그에게 빚진 바를 생각하는 엘리자베스의 마음을 한층 더 고통스럽게 하였다.

그녀는 그날 저녁 시간을 통해 그와 좀 더 가까워질 수 있는 기회가 생기기를 간절히 바랐다.

"그가 나에게 다가오지 않으면," 그녀가 말했다. "그를 영영 포기해야지."

그러나 슬프게도 제인이 차를 타고 엘리자베스가 커피를 따르고 있을 때 여자들이 몰려들어 엘리자베스 근처에는 의자 하나를 더 놓을 여유가 전혀 없이 여자들로 둘러싸였다.

그러나 그녀는 그가 직접 커피 잔을 들고 오자 조금 마음이 놓였다. 그리고 그 기회를 잡아 이렇게 말했다.

"동생 분은 아직 펨벌리에 계시나요?"

"네. 크리스마스까지는 계속 머물 겁니다."

"혼자서요? 친구 분들은 모두 떠났고요?"

"앤슬리 부인이 그 애와 함께 계십니다. 다른 분들은 모두 스

카보로로 떠난 지 3주가 되었지요."

더 이상 할 말이 생각나지 않았다. 그렇지만 그가 그녀와 더 대화를 나누고 싶다면 그가 뭔가 대화 거리를 꺼낼 것이었다. 그러나 그는 그녀 옆에 아무 말도 없이 잠시 서 있다가 아가씨들이 엘리자베스에게 속삭여 오자 걸어가 버렸다.

나머지 저녁 시간 동안 그들은 서로 다른 테이블에 앉아 있게 되었고 그녀는 희망을 잃어버렸다.

제55장

이런 방문이 있은 뒤 며칠 후 빙리 씨는 다시 찾아왔다. 혼자였다. 그의 친구는 아침에 런던으로 떠났고 열흘 후 돌아온다고 했다. 그는 한 시간 이상이나 앉아 있었는데 무척 기분이 좋아 보였다.

그가 떠나기 전에 그와 베넷 부인은 다음 날 아침 베넷 씨와 그가 사냥을 가는 데에 합의했다.

빙리 씨는 약속 시간에 정확히 등장했고 그와 베넷 씨는 약속대로 오전 시간을 함께 보냈다. 빙리는 베넷 씨와 함께 돌아왔고 저녁 시간에 베넷 부인은 또 빙리와 제인이 둘만의 시간을 보낼 수 있게 하려고 모든 사람을 떼어내려 물밑 작업을 시작했다. 엘리자베스는 편지를 써야 했기에 차를 마시고 난 직후 작은 거실로 들어갔다.

그러나 편지를 다 쓰고 응접실로 나왔을 때 그녀는 깜짝 놀랐다. 그녀의 어머니는 역시 무서우리만큼 영리한 사람이었다. 응접실 문을 열자마자 그녀는 제인과 빙리가 벽난로 가까이 서서 진지한 대화를 나누고 있는 것을 보았다. 엘리자베스의 등장에 황급히 등을 돌리고 서로 떨어지는 두 사람의 얼굴은 말해주는 바가 분명했다. 매우 민망한 순간이었다. 엘리자베스가 다시 나가려고 하자 자리에 앉았던 빙리가 다시 일어나서 제인에게 무언가를 속삭이더니 방을 나갔다.

제인은 엘리자베스에게는 이 기쁜 소식을 숨길 이유가 없었다. 그가 나가자마자 엘리자베스를 끌어안고 매우 신이 나서 자신이 너무나도 행복하다고 털어놓았다.

엘리자베스는 진심으로 다정하게 축하를 해 주었고 정말 말로 표현할 수 없을 만큼 기뻤다.

전혀 평범할 수가 없는 저녁이었다. 베넷 양은 너무나 기뻐서 얼굴이 환하게 빛났다. 베넷 부인은 어떻게 하면 자신이 얼마나 기쁘고 만족스러운지를 가득 담아 결혼을 승낙해야 할지 몰라 했다.

그 순간부터 빙리는 물론 매일 롱본에 왔다. 아침 식사 전에 오는 날도 많았고 항상 저녁 식사도 하고 갔다.

"아, 그가 날 정말 행복하게 해 줬어," 어느 날 제인이 말했다. "내가 지난봄에 런던에 있었던 걸 전혀 몰랐대. 난 절대 그럴 리가 없다고 생각했었는데 말이야."

"분명 이상하다 싶었어." 엘리자베스가 대답했다.

"리지야, 그가 지난 11월에 런던으로 떠났을 때 그는 진심으로 나를 사랑하고 있었대. 내가 그에게 무관심한 것이 아니었다는 말을 듣지 않았더라면 다시 돌아오지 않았을 거래!"

엘리자베스는 그가 친구의 간섭을 무시하지 않았다는 것을 알게 되어 흡족했다.

롱본의 상황은 곧 비밀이 아니게 되었다. 베넷 부인은 이 사실을 필립스 부인에게 자랑스럽게 귀띔해 주는 특권을 누렸고 필립스 부인은 자기 마음대로 똑같은 특권을 메리턴의 모든 지인들에게 행사했다.

비록 몇 주 전 리디아가 도망갔을 때만 해도 가장 불행한 집안이라고 했었지만 이내 사람들은 베넷 가를 두고 세상에서 가장 운 좋은 집안이라고 말하기 시작했다.

제56장

　빙리가 제인에게 청혼을 한 지 일주일쯤 지난 어느 날 아침 그와 베넷 가의 여자들이 식당에 둘러앉아 있었을 때 그들은 마차 소리를 듣고 창문 밖을 내다보았다. 4륜 마차가 앞마당으로 들어오는 것이 보였다. 문이 벌컥 열리더니 손님이 들어왔다. 캐서린 드 버그 부인이었다.

　평소의 무뚝뚝함보다 더 거만하게 방으로 들어오더니 엘리자베스의 인사에 고개만 까딱하고서 아무 말도 없이 앉았다. 엘리자베스는 그녀가 들어오자 소개해 달라는 요청은 없었지만 어머니에게 그녀가 누구인지를 살짝 알려 드렸다.

　베넷 부인은 그런 고귀한 손님을 맞이하게 되자 너무나 놀라서 최고의 예의를 갖추어 손님맞이를 했다. 잠시 침묵 속에 앉아 있더니 매우 딱딱하게 엘리자베스에게 말했다.

　"잘 있었나요, 베넷 양? 저 여자 분이 당신 어머니인가요?"

　엘리자베스는 그렇다고 짧게 대답했다.

　엘리자베스는 그녀가 샬롯의 편지를 꺼낼 것이라고 기대하고 있었다. 왜냐하면 그녀가 찾아온 이유로 생각나는 것은 그것뿐이었기 때문이다. 그렇지만 편지는 없었다. 그래서 엘리자베스는 도무지 영문을 알 수가 없었다.

　"베넷 양, 정원 쪽에 나무들이 꽤 예쁜 것 같던데 한 번 나가 보고 싶군요. 나랑 같이 나가 줄래요?"

잡목 숲에 다다르자 캐서린 부인은 다음과 같이 말하기 시작했다.

"내가 여기까지 온 이유를 알고 있겠죠, 베넷 양? 아가씨 마음이, 양심이 내가 온 이유를 분명히 알 테니까."

엘리자베스는 도무지 납득할 수가 없었다.

"정말 무슨 말씀을 하시는지 저는 모르겠습니다, 부인. 저희 집에서 부인을 뵙게 된 까닭을 전혀 알 길이 없습니다."

"정말 놀랄만한 소식이 이틀 전에 들려왔어요. 아가씨 언니가 분에 넘치는 결혼을 하게 되었다는 소식뿐만 아니라 바로 아가씨가 내 조카랑 결혼을 할 가능성이 매우 높다는 소식이었죠. 내 조카 다아시랑 말이예요. 물론 말도 안 되는 잘못된 소문이라는 건 알아요, 그리고 그런 일이 감히 가능하다고 생각하고 싶지도 않아요. 그것 자체가 내 조카에게 상처가 될 테니까. 그래도 와서 그 소문에 대한 내 확실한 입장을 밝혀 둘 필요가 있을 것 같아 이렇게 왔어요."

"만약 불가능한 일이라고 생각하셨다면," 엘리자베스가 놀람과 경멸스러움에 얼굴이 붉어지며 말했다. "이렇게 멀리까지 친히 와 주시기까지 하시다니. 부인이 정말 하시고자 하는 말씀이 무엇일까요?"

"그런 소문은 터무니없는 모순 덩어리라는 말을 잘라 말하고 싶어요."

"저와 제 가족을 보러 롱본에 오시다니," 엘리자베스가 태연하게 말했다. "그건 그런 소문이 실지로 돌고 있을 수도 있다는 이야기가 아닐까요?"

"실지로 소문이 돌고 있을지도 모른다고! 그 소문이 널리 퍼졌다는 걸 모르고 있었나요?"

"전 한 번도 들은 적이 없는 소문입니다."

"그럼 그 소문은 아무 근거도 없다고 약속할 수 있나요?"

"전 부인만큼 솔직한 사람은 못 되는 모양입니다. 질문은 얼마든지 하세요. 제가 대답하고 싶은 것만 대답할 테니까요."

"도저히 참을 수가 없네요, 아가씨. 만족할 만한 대답을 어서 해 줘요. 내 조카가 청혼을 했던가요?"

"부인께서 좀 전에 그건 불가능하다 하시지 않으셨나요?"

"물론 그렇지요. 내가 설명하지요. 아가씨가 하고 싶어 하는 이 결혼은 절대 성사될 수가 없어요. 절대 안 되죠. 왜냐하면 다 아시는 내 딸의 정혼자이거든요. 이제 할 말 없죠?"

"이 말만 말씀 드릴게요. 만약 그렇다면 그가 제게 혹시 청혼했을지도 모른다고 의심할 여지도 없는 거 아닌가요?"

캐서린 부인은 잠시 주저하더니 대답했다.

"그 애들 사이의 정혼은 좀 특별한 거예요. 아이들이 갓난아이였을 때부터 서로의 짝이라고 정해졌죠."

"내 딸과 조카는 서로 이미 정해진 짝이에요. 그 애들은 모계쪽으로 귀족의 피를 타고 났죠. 그리고 부계 쪽으로는 비록 귀족은 아니어도 매우 명망 높고 존경 받는 전통 있는 가문의 자손이죠. 둘 다 양쪽에서 물려받은 재산이 상당하죠. 그 애들은 집안 모든 어른들의 동의하에 미래를 함께 할 운명으로 짝지어졌어요. 그런 애들을 가문도 배경도 재산도 없는 건방진 아가씨의 야망이 갈라놓으려고 하다니! 정말 용서가 안 되는 일이야! 그렇지만 그런 일은 없을 거예요. 없어야 하고말고요. 만약 아가씨가 자기 자신을 안다면 아가씨가 자라 온 굴레를 벗어나려는 꿈은 접어야 해요."

"다아시도 신사이지만 제 아버지 역시 신사 분입니다. 그러므로 제가 꿀릴 것은 없습니다."

"그렇죠. 아가씨가 신사의 딸인 것은 사실이죠. 그렇지만 어머니는? 외삼촌과 외숙모는? 내가 그 사람들이 어떤 사람들인지 모를 거라고 생각 말아요."

"제 가족이야 어떻든," 엘리자베스가 이어 말했다, "만약 부인의 조카가 그들을 받아들인다면 부인도 어쩌실 수는 없는 거죠."

"한 번 더 묻겠어요. 그 애와 약혼했나요?"

"아니요."

캐서린 부인은 흡족한 듯했다.

"그럼 절대 그런 약혼은 하지 않는다고 약속할 수 있나요?"

"그런 약속은 못합니다."

"베넷 양, 정말 충격적이고 놀랍네요. 좀 더 이성적인 아가씨인 줄 알았는데. 그렇지만 내가 물러날 거라고 착각하진 말아요. 내가 원하는 대답을 할 때까지 절대 물러서지 않을 테니까."

"그럼 절대 그런 대답은 드릴 수가 없죠. 그가 저를 사랑한다고 치죠. 제가 그의 청혼을 거절한다고 그가 부인 딸에게 청혼할 거라는 보장이 있나요? 한 말씀 드리죠, 캐서린 부인. 부인께서 시작하신 이 말도 안 되는 언쟁은 부인이 의심하는 일 자체만큼이나 어이가 없습니다. 그러니까 제발 부탁인데요, 이제 제발 이 문제로 저를 괴롭히지 말아 주셨으면 합니다."

"내가 아가씨 막내 동생의 치욕적인 야반도주를 모른다고 생각하나요? 다 알고 있어요. 그 둘이 결혼한 건 아가씨 아버지와 외삼촌이 비용을 대서 끼워 맞춰 조작한 것이라는 거 다 알고 있어요. 그런 여자가 내 조카의 처제가 될 수 있다고 생각하나요? 천만에요! 도대체 생각이 있는 건가요? 펨벌리의 영령들께서 그렇게 이름이 더럽혀져야겠냐고요?"

"더 이상 하실 말씀이 있으신가요?" 그녀가 화가 나서 대답했다. "부인은 저를 심하게 모욕하셨습니다. 집으로 들어가야겠습니다."

그렇게 말하면서 그녀는 일어났다. 캐서린 부인도 일어났다. 그리고 그들은 등을 돌렸고 캐서린 부인은 몹시 격분했다.

"기어코 그 애와 결혼을 하겠다는 건가요?"

"그런 말씀은 드린 적이 없습니다. 저는 저의 행복을 제 생각대로 추구하겠습니다. 부인이나 다른 어떤 아무 관계도 아닌 사람이 하는 의견은 필요 없습니다."

"내 말대로 하는 것을 거부하는군요. 의무와 명예와 감사하는 마음으로 행동하기를 거부하는군요. 그 애가 모든 친구들 가운데 놀림감이 되도록 만들겠다고 작정이라도 했나요? 그 애를 조롱거리로 만들 생각인가요?"

"다아시 씨가 저와 결혼한다고 해서 명예나 의무가 깨지는 것은 아닙니다."

"아, 이게 바로 아가씨의 본심이었군! 베넷 양, 아가씨 야심대로 일이 이루어질 것이라고는 절대 생각하지 말아요. 아가씨랑 대화가 가능할 거라고 생각하고 왔는데 대화가 가능한 합리적인 아가씨일 거라고 믿었는데 전혀 아니군요. 이제 난 내 뜻대로 할 거라는 걸 기억해 둬요."

이런 식으로 캐서린 부인은 그들이 마차 앞까지 올 때까지 계속해서 말했다. 마차 앞에서 그녀는 휙 뒤를 돌아보더니 말했다. "작별 인사는 따로 하지 않겠어요. 아가씨 어머니에게도 마찬가지예요. 아가씨나 가족들은 그런 대우를 받을 자격이 없어요. 매우 불쾌하군요."

엘리자베스는 아무 대답도 하지 않고 집 안에 함께 들어가서 설득을 하는 대신 조용히 걸어 혼자서 집으로 들어갔다. 그녀의 어머니는 응접실의 문가에서 조바심을 내며 캐서린 부인이 왜 들어와서 쉬다 가시지 않느냐고 물었다.

"안 그러고 싶으시데요." 그녀가 대답했다.

"정말 매력적인 부인이시구나! 콜린스 내외가 잘 있다는 것을 알려 주러 여기까지 직접 와 주시다니 얼마나 친절하시니! 어딘가 가시는 길에 메리턴을 지나가다가 너한테 잠시 들려야겠다고 생각하신 것 같지?"

실제로 나눴던 대화의 전모를 이야기하는 것은 도저히 불가능했기에 엘리자베스는 어쩔 수 없이 거짓말을 할 수밖에 없었다.

제57장

　이 범상치 않은 방문이 엘리자베스에게 주었던 마음의 동요는 쉽게 극복할 수 있는 것이 아니었다. 캐서린 부인은 엘리자베스와 다아시 간에 있을지도 모를 약혼을 깬다는 하나의 목적으로 로징스를 떠나 이곳까지 온 것 같았다. 분명 굉장한 추진력 있는 계략이었다. 그렇지만 그들의 약혼이라는 이야기가 어디에서 흘러나온 것인가에 관해서는 어떻게 생각을 해야 하는 건지 알 수가 없었다. 다아시가 빙리의 절친한 친구이고 그녀가 제인의 동생이라는 점을 고려하면 아마도 빙리와 제인의 결혼 소식을 들은 사람들이 다아시와 자신도 연관 지어 상상의 나래를 편 것이 아닌가 싶었다.

　그렇지만 캐서린 부인의 말들을 되뇌다 보니 부인이 이 문제에 자꾸 간섭하다가 일어나게 될 일이 걱정이 되었다. 결혼을 꼭 막겠다는 그녀의 굳은 결심의 표현으로 봤을 때 분명 부인이 조카를 세뇌시키려고 할 것임에 분명해 보였다. 그리고 어쩌면 그도 자신과 연관된 불명예들을 부인과 비슷하게 해석하게 될 지도 모른다는 생각은 하기도 싫었다. 직계 가족이 너무나도 수준 미달인 여자와 결혼할 경우 생길 고통은 수도 없이 많기에 그의 이모가 그의 의지를 충분히 무너뜨릴 수 있음은 자명해 보였다. 그가 품위를 얼마나 생각하는지를 볼 때, 엘리자베스를 천하고 우습게 보이게 만들 이모의 주장은 어쩌면·상당히 설득력이 있다고 느낄 것 같았다.

만약 그렇다면 그는 다시 돌아오지 않을 것이다. 캐서린 부인은 로징스로 돌아가는 길에 그에게 들릴 것이고 그러면 네더필드에 다시 오겠다고 그가 빙리와 한 약속은 지켜지지 못할 것이다.

다음날 아침 그녀가 아래층으로 내려가고 있을 때 손에 편지한 장을 들고 서재에서 나오시는 아버지와 마주쳤다.

"리지야," 아버지가 말씀하셨다. "너를 찾으러 나오는 길이다. 오늘 아침 참 놀랄 만한 편지 한 장을 받았구나. 너와 관계된 내용이니 네가 아는 바가 있겠지? 콜린스 씨로부터 온 편지인데."

"콜린스 씨한테 온 편지요! 그가 무슨 할 말이 있지요?"

"물론 매우 단도직입적인 편지란다. 내 큰딸의 결혼을 축하한다는 말로 시작해서 너랑 관계된 내용은 이렇다. 「어르신 따님 엘리자베스가 언니 뒤를 따라 베넷이라는 이름으로 불릴 날도 얼마 안 남았다더군요. 그리고 그녀가 운명의 상대로 선택한 남자가 이 땅에서 가장 저명한 사람들 중의 하나라더군요.

여기서 제 사촌 엘리자베스에게 경고 한 마디를 해야겠습니다. 그 남자분의 청혼을 성급히 받아들였다가 일어날 끔찍한 일들에 대해서 말이지요. 물론 그런 청혼이라면 얼른 받아들이고 싶을 것은 뻔하다는 것은 알기에 드리는 말씀입니다.

제가 주의하시라고 말씀드리는 이유는 다음과 같습니다. 그의 이모이신 캐서린 드 버그 부인이 두 사람의 결합을 결코 좋게 보고 계시지 않다고 믿어집니다.」"

"아!" 엘리자베스가 소리쳤다. "엄청 재미있군요. 그리고 정말 이상하네요!"

"그래, 바로 나도 그래서 어이가 없었다. 그의 완벽한 무관심에, 너는 그를 매섭게 싫어하는데 이 얼마나 말도 안 되는 이야기냐? 리지야, 캐서린 부인이 이런 소문에 대해 뭐라고 하시던? 결혼을 승낙할 수 없다고 이야기라도 하러 오셨던?"

아버지의 이 질문에 딸은 웃을 수밖에 없었다. 아버지는 너무나도 잔인하게 그녀에게 굴욕을 안겨 주었다. 다아시의 무관심이라니. 아버지가 어쩌면 그렇게도 사람을 뚫어 보지 못하실까 의문스럽기만 했다. 그러다가 어쩌면 아버지가 보지 못하시는 것이 아니라 그녀가 너무 많은 공상을 하고 있는 건지도 모른다는 생각이 들자 두려워졌다.

제58장

엘리자베스가 절반쯤은 그럴 것이라고 믿어 버렸던 것처럼 그의 친구로부터 못 온다는 편지를 받는 대신 빙리는, 캐서린 부인의 방문이 있은 지 며칠 지나지 않아 다아시를 데리고 롱본에 나타났다. 빙리는 모두 산책을 하자고 제안했고 모두 동의했다. 그러나 빙리와 제인은 이내 뒤로 쳐졌다. 그들은 엘리자베스와 키티와 다아시를 앞서 가게 하고 뒤에서 천천히 걸었다.

키티가 마리아를 부르고 싶어했다. 키티가 가 버리자 엘리자베스는 대담하게 그와 단둘이서 걸었다. 이제 그녀의 결심을 실행에 옮길 때가 된 것이다. 그녀는 용기를 끌어내어 얼른 말했다.

"다아시 씨, 전 무척 이기적인 사람이에요. 제 감정을 돌보느라 정신이 없어서 당신 감정을 흩뜨려 놓은 건 신경도 못 썼네요. 제 불쌍한 동생을 위해 전례 없는 친절을 베풀어 주신 당신께 어떻게 감사를 드려야 할지 모르겠어요. 당신이 하신 일을 알게 된 순간부터 당신께 제 진심 어린 감사의 뜻을 너무 전하고 싶었어요. 다시 한 번 감사드려요. 정말 감사드립니다. 크게 마음 써 주신 것에 대해 저희 가족 모두의 이름으로 감사드립니다."

"감사를 하시고 싶으시다면," 그가 대답했다. "당신 혼자 이름으로 해 주십시오. 다른 동기도 있었지만 당신을 행복하게 하고 싶은 마음이 있었기 때문에 제가 그리할 수 있었습니다. 네, 그랬습니다. 부인은 하지 않겠어요. 그렇지만 당신 가족들은 제게 빚진 바가 전혀 없습니다. 그분들이 안중에 없다는 뜻이 아니지만 전 온전히 당신 생각뿐이었으니까요."

엘리자베스는 너무 당혹스러워 말을 잇지 못했다. 잠시 있다가 상대는 덧붙였다. "만약 당신 감정이 지난 4월과 같다면 바로 말씀해 주세요. 제 애정과 바람은 변함없습니다만 당신이 말씀만 하시면 저희 문제는 더 이상 거론하지 않겠습니다."

만약 엘리자베스가 그의 눈을 쳐다볼 수 있었더라면 그녀는 아마도 그의 얼굴이 진심 어린 환희로 가득 찼는지를 볼 수 있었을지도 모르지만 그녀는 쳐다볼 수가 없었다. 대신 그녀는 들었다. 그녀가 그에게 어떤 의미인지 말하는 그의 애정 어린 말을 들으니 그의 사랑이 점점 더 가치 있는 것이라 느껴졌다.

"희망을 가질 수 있었습니다." 그가 말했다. "전에는 꿈도 꿀 수 없었던 희망이 생기더군요. 제가 아는 당신의 성격으로 판단할 때 절대적으로 되돌릴 수 없을 만큼 저를 거부하는 거라면 당신은 분명 캐서린 부인에게 그렇다고 솔직하게 망설임 없이 말했을 겁니다."

엘리자베스는 얼굴을 붉히며 웃으면서 대답했다. "그래요. 제가 그럴만한 솔직한 사람이라는 것을 잘 아시네요. 당신 앞에서 당신께 그렇게 독설을 퍼부었으니 당신 친척 앞에서 당신을 나쁘게 말한다고 양심의 가책을 느낄 제가 아니죠."

"당신이 한 말은 모두 제가 마땅히 들어야 할 비난이었습니다. 비록 당신이 절 비난하신 근거는 사실과는 다른 정보에 기초를 둔 잘못된 것이었다 하더라도 제가 당신께 한 행동들은 신랄한 비판을 받아 마땅합니다. 도저히 용서가 안 되는 행위들이죠. 그때 제가 했던 말들 제 행동들을 돌이켜 보면 몇 개월이 지난 지금까지도 형언할 수 없이 고통스럽습니다. 당신의 꾸지람은 절대 잊지 않을 겁니다. 그러셨죠. '당신이 좀 더 신사답게 굴었더라면'이라고. 당신의 그 말이 저를 얼마나 괴롭혔는지 아마 상상도 못하실 겁니다. 이제 와서 고백합니다만 다시 이성을 찾고 그 말들의 타당성을 깨닫기까지는 시간이 꽤나 걸렸습니다."

"아! 제가 그때 한 말들은 기억하지 말아 주세요. 다시 생각하시면 안 돼요. 그런 말을 내뱉은 걸 이미 오래전에 마음 깊이 후회하고 부끄럽게 생각한 걸요."

다아시는 자신이 쓴 편지 이야기를 꺼냈다. "그 편지로," 그가 말했다. "저에 대한 당신의 판단이 좀 나아지셨나요? 그 편지를 읽으면서 그 내용들을 믿으셨나요?"

그녀는 그 편지를 읽고 어떤 생각들을 했는지 그리고 그에 대해 가졌던 편견들이 점점 없어진 것에 대해서 설명했다.

"전 평생 이기적인 사람이었습니다. 이론적으로는 아닐지 몰라도 실제 행동은 그랬지요. 어렸을 때 옳은 것이 무엇인지는 배웠습니다만 제 성질을 죽이는 법은 배우지 못했죠. 배운 원리들은 훌륭했지만 실천할 때는 오만하고 우쭐댔습니다. 여덟 살 때부터 스물여덟까지 계속 그랬죠. 그리고 아마 여전히 그럴 겁니다. 사랑하는 당신이 아니었더라면. 당신 덕분이 아닌 것이 없군요. 처음에 받아들이기는 어려웠어도 너무나 도움이 되는 가르침도 주시고. 당신 때문에 제가 비로소 겸허함이 무엇인지를 배우게 되었습니다. 당신께 처음 청혼할 때 전 당연히 받아들여질 것이라고 생각했습니다. 그렇지만 제 자부심이 가치가 있는 여인의 호감을 사기에는 턱없이 부족함을 당신이 보여 주셨지요."

"그날 저녁 이후 저를 얼마나 싫어하셨을까요?"

"싫어하다니요! 처음에는 화가 나기도 했지요. 그렇지만 화가 가라앉자 정신이 번쩍 들었습니다."

"우리가 펨벌리에서 만났을 때 무슨 생각을 하셨는지 묻기도 두렵네요. 제가 온 것이 싫으셨던가요?"

"그때 제 목표는," 다아시가 대답했다. "당신께 제 능력하에 있는 모든 예의를 다해 제가 과거 때문에 분노할 만큼 비열한 녀석은 아니라는 것을 당신께 보여드리는 것뿐이었습니다. 그리고 당신의 용서를 구하고 싶었지요. 그리고 당신의 꾸지람을 듣고 제가 달라졌음을 알아차리시고 저를 조금 더 좋게 생각해 주셨으면 했습니다."

얼마나 걸었는지도 모른 채 그렇게 여유 있게 한참을 걸은 후에 그들은 시계를 보고서 집으로 돌아갈 시간이라는 것을 알게 되었다.

"빙리 씨와 제인이 행복하겠지요!" 그렇게 대화의 주제를 바꾸다. 다아시 씨는 그들의 약혼에 기뻐했다.

"제가 런던으로 떠나기 전날 저녁," 그가 말했다. "빙리에게 오래 전에 했었어야 할 고백을 드디어 했습니다. 당신 언니가 그에게 관심이 없는 것으로 본 것은 제 실수였다고 그에게 말했지요. 그리고 그녀에 대한 그의 사랑이 여전히 누그러들지 않았음을 쉽게 볼 수 있었습니다. 그들이 분명 행복할 거라는 확신이 생기더군요. 당신 언니가 지난겨울에 석 달 동안 런던에 있었다는 말을 숨길 수가 없었습니다. 그리고 알면서도 숨겼다고 털어놓았지요. 엄청 화를 내더군요. 그렇지만 당신 언니의 감정을 확인하고 나자 더 이상 화를 내지 않았습니다. 그리고 지금 그는 저를 완전히 용서했습니다."

엘리자베스는 그에게 친구 말을 잘 듣는 정말 소중한 친구, 세상에 둘도 없는 좋은 친구를 두었다고 말하고 싶었다. 그렇지만 자제했다. 그는 놀림당하는 것도 차차 배워야 하겠지만 아직은 그런 훈련을 시작하기에는 일렀다. 자신의 행복보다야 못하지만 빙리의 행복을 기대한다고 그가 계속 말하는 사이에 그들은 집에 도착했다. 그들은 홀에서 헤어졌다.

제59장

"리지야, 어디까지 다녀온 거야?" 그녀가 방에 들어오자마자 제인이 물었다. 그리고 테이블에 앉았을 때 모든 사람들이 같은 질문을 했다. 그냥 돌아다니다가 어딘지 모르는 곳까지 갔었다라고 밖에 대답할 말이 없었다.

밤에 엘리자베스는 제인에게 털어놓았다.

"농담인거지, 리지야. 그럴 리가! 다아시 씨와 약혼이라니! 아냐, 아냐, 날 놀리는 거지. 말도 안 돼."

"나 진지해, 언니. 정말 진실을 말하고 있는 거야. 그가 아직도 나를 사랑한대. 우리 결혼하기로 약속했어."

"어머나, 리지야, 정말 축하한다."

"진지하게 얘기해 보자. 리지야 내가 알아야 할 내용은 다 털어놓아 봐. 그를 언제부터 사랑하게 된 거니?"

"조금씩 생겨난 감정이라 언제라고 꼬집어 말하기는 좀 어려워. 아마도 펨벌리에서 그의 아름다운 영지를 본 다음이라고 해둘까?"

진지한 대답을 해 달라는 또 한 번의 간청은 효과가 있었다. 엘리자베스는 진중한 사랑의 확신으로 제인을 만족시켰다. 그 점을 확인하자 제인은 더 이상 바랄 바가 없었다.

"이제 정말 기쁘다." 제인이 말했다. "너도 나만큼이나 행복할

게 확실하니까. 난 그분을 늘 존경했었어. 이젠, 빙리의 친구로
또 너의 남편으로서 너와 빙리 다음으로 내게 소중한 사람이 되
었네."

이제 그녀는 더 이상 리디아의 결혼에 그가 담당했던 역할을
숨길 이유가 없었다. 모든 이야기를 전했다. 그렇게 이야기를 하
면서 밤이 깊어갔다.

"세상에!" 다음날 아침 창문가에 서 있던 베넷 부인이 외쳤다.
"저 마음에 안 드는 다아시가 우리 빙리한테 붙어서 오는 것 좀
그만하면 안 될까? 왜 매일 와서 저렇게 성가시게 구는 걸까?
리지야, 저 사람이랑 같이 산책 좀 또 나가렴. 빙리 방해하지 못
하도록."

엘리자베스는 그런 알맞은 제안에 겨우 웃음을 참았다.

다아시는 언덕에 올라가 풍경을 보고 싶다고 공언했고 엘리자
베스는 조용히 동의했다.

함께 걷는 동안 저녁 때 베넷 씨의 결혼 승낙을 얻기로 결정
했다.

저녁 때 베넷 씨가 서재로 돌아가자마자 그녀는 다아시 씨도
일어나서 뒤따라가는 것을 보았다. 그 모습을 보는 그녀의 마음
은 매우 떨렸다. 그녀는 그렇게 고통 속에 앉아 다아시 씨가 나
오기를 기다렸다. 그가 드디어 나와서 속삭였다. "아버지께로 가
봐요. 서재에서 기다리고 계세요." 그녀는 바로 서재로 갔다.

"리지야," 아버지가 말했다. "어떻게 된 거니? 그의 청혼을 받
아들이다니 제정신이 아닌 게냐? 너 그를 처음부터 쭉 싫어하지
않았었니?"

이해하기에 조금은 혼란스러운 것도 사실이었지만 그녀는 다

아시를 향한 사랑하는 마음을 아버지께 확신시켜 드렸다.

"그러니까, 꼭 그와 결혼하겠다는 말이지? 그래, 그 사람 돈이 많지. 그렇지만 그렇다고 네가 행복할 수 있다고 생각하니?"

엘리자베스는 진지하고 엄숙하게 대답하였다. 그리고 아버지 께 반복해서 다아시가 자신의 배우자감이라는 확신을 심어 드렸다. 그에 대한 자신의 판단이 점점 바뀌어 갔음과 자신을 사랑하는 그의 마음도 하루아침에 갑자기 생긴 감정이 아니라 수개월 동안의 지속적인 긴장감도 견뎌냈다는 분명한 사실도 말씀드렸다. 또한 그가 가진 수많은 장점도 열거했다.

그때 아버지는 며칠 전 그가 콜린스 씨의 편지를 읽어 주었을 때 딸이 당황했던 모습이 떠올랐다. 딸을 잠시 동안 놀리며 웃다가 딸에게 물러가라고 했다. 그녀가 서재를 나설 때 이렇게 말했다. "만약에 청년들이 메리나 키티와 결혼하겠다고 찾아오면 들여보내라. 아버지 지금 한가하다."

그녀의 어머니가 밤에 침실로 올라갈 때 엘리자베스는 따라갔다. 그리고 중대한 사실을 알려드렸다.

"어머나, 세상에! 주님, 감사합니다! 나랑 다아시 씨! 누가 생각이나 했겠니! 아! 내 사랑하는 딸, 리지야! 네가 얼마나 부자가 되고 얼마나 높은 지위를 가진 사람이 될 지 생각해 봐! 너무나 기쁘구나, 뛸 듯이 기뻐. 런던에 있는 집이라! 일 년에 만 파운드라니!"

이 정도면 어머니가 결혼 승낙을 하셨다 보기에 충분했다. 엘리자베스는 어머니가 그렇게 쏟아낸 말들을 혼자만 들은 것이 다행이라 생각하고 곧 어머니 침실에서 나왔다.

제60장

엘리자베스는 신이 나서 장난기가 돌았다. 그녀는 다아시 씨
가 어떻게 자기를 사랑하게 되었는지 듣고 싶었다.

"제 미모는 일찌감치 참아 내기로 하신 것 같고, 제 태도는요?
당신을 대하는 제 행동이 무례할락 말락 늘 그 경계에 있었지
요? 제 건방짐 때문에 절 좋아하게 되셨나요?"

"당신의 생기발랄함 때문에 사랑하게 되었소."

"당신은 늘 당신한테 인정받고 싶어서 말하고, 보고, 생각하는
여자들한테 질려하셨잖아요. 전 감정을 있는 그대로 터뜨렸기
때문에 당신 환심을 살 수 있었나 봐요. 제 행동이 다른 여자들
하고 많이 달랐으니까요. 당신이 마음씨가 좋아서 다행이지 안
그랬더라면 절 싫어하셨을 거예요."

"캐서린 부인에게 그녀 앞에 어떤 일이 일어나게 되었는지 말
할 용기를 우리가 낼 수 있을까요?"

"엘리자베스, 전 용기보다는 시간이 더 필요하다고 생각합니
다. 그렇지만 말을 하긴 해야겠지요. 종이 한 장을 주시면 바로
편지를 써서 알리도록 하지요."

"쓸 편지가 있는 것만 아니라면 당신 옆에 앉아서 당신이 얼
마나 줄을 잘 맞춰서 깔끔하게 편지를 쓰는지 감탄을 할 텐데 아
쉽네요. 전에 어떤 아가씨가 그랬던 것처럼 말이죠. 그렇지만 저

도 외숙모에게 편지를 써서 알려 드려야 해요. 더 이상 지체하면
안 될 것 같아요."

제61장

마땅히 좋은 곳으로 결혼을 할 만한 두 딸을 결혼시키던 날 베넷 부인은 어머니로서 누릴 수 있는 최고의 기쁨을 누렸다. 자랑스러운 마음으로 그녀는 빙리 부인을 방문했고 다아시 부인에 대해 말했는지는 짐작할 수 있다.

빙리 씨와 제인은 네더필드에서 일 년만 살았다. 그가 더비셔 근처에 땅을 사서 제인과 엘리자베스는 다른 모든 행복할 이유에 하나를 더 얹어 서로 30마일도 안 되는 거리에 살게 되었다.

키티는 언니 둘과 많은 시간을 함께 보냈는데 그것은 그녀에게 매우 도움이 되었다. 키티가 보통 알고 있었던 것보다 훨씬 상류사회의 생활을 보게 되었기에 그녀가 많이 성장하는 계기가 되었다.

위컴과 리디아에 관해 말하자면, 두 언니가 결혼한 이후에도 인간성이 전혀 달라지지 않았다.

여전히 더 싼 곳을 찾아 이사를 다녔고 가진 돈보다 훨씬 더 많은 돈을 썼다. 위컴은 더 이상 리디아에게 관심을 보이지 않았고 냉담했다. 위컴에 대한 리디아의 애정은 조금 더 오래갔다.

다아시는 위컴이 펨벌리에 발을 들여놓는 것은 절대 허락할 수 없었지만 엘리자베스를 위해서 그가 좀 더 나은 직업을 가질 수 있도록 도와 주었다.

조지아나도 이제 펨벌리에 와서 살았다. 그녀가 새언니와 친하게 지내는 모습은 바로 다아시가 바라던바 그대로였다. 그들은 생각했던 것보다 서로를 훨씬 더 사랑하며 잘 지냈다. 조지아나는 엘리자베스를 무척 좋아하고 따랐다.

캐서린 부인은 조카의 결혼에 대단히 분개했다. 결혼식을 알리는 조카의 편지에 그녀는 자신의 성격이 그대로 드러나는 답장을 보냈다. 그녀의 답장에는 특히 엘리자베스에 관한 폭언이 가득했기 때문에 다아시는 얼마간 캐서린 부인에게 어떤 연락도 하지 않았다. 그렇지만 결국 엘리자베스의 설득에 그녀의 무례함을 눈감아 주기로 했고 화해를 시도했다.

가디너 씨 내외와는 언제나 친밀한 관계를 유지했다. 엘리자베스뿐만 아니라 다아시 씨도 그들을 무척 사랑했다. 엘리자베스를 더비셔에 데려온 것이 바로 그 분들이었고 그 분들이 있었기에 두 사람이 결합될 수 있었다는 사실을 늘 기억하며 항상 진심으로 감사하는 마음을 가졌다.